© Copyright Il Terebinto Edizioni
Sede legale: via degli Imbimbo, 8/E
83100 Avellino
tel. 340/3048360
e-mail: ilterebintoedizioni@libero.it
ISBN: 978-88-97489-28-3

LUIGI PEZZELLA

E VOI CHI DITE CHE IO SIA?

L'indagine storica su Gesù di Nazareth

TEREBINTO
EDIZIONI

INDICE

CAPITOLO QUARTO - LA FINE DI GESÙ A GERUSALEMME: CHI HA VOLUTO LA SUA MORTE?

INTRODUZIONE

Il titolo del presente lavoro si colloca in una prospettiva eminentemente storica che fa opportuno riferimento alle fonti a nostra disposizione, sia bibliche sia extrabibliche. Come evidenziato da Giorgio Jossa

> ...il cristianesimo, come l'ebraismo, è una religione positiva, rivelata. Non è una religione naturale che esprime i bisogni religiosi universali dell'uomo, ma ha la pretesa di fornire la rivelazione divina, cioè la parola con cui Dio si è rivolto e manifestato in maniera definitiva all'uomo. E questa rivelazione è avvenuta in un preciso momento storico[1].

Il cristianesimo è una religione che si basa storicamente sulla figura di Gesù di Nazareth. Gesù non viene inserito in un mitico *prima* o *poi* che può significare qualsiasi momento nel *sempre* e nel *mai*, ma è storicamente databile e accertato. Una cosa è quindi certa, se si vuole comprendere il Cristianesimo bisogna innanzitutto conoscere Gesù. Nessuno che sia dotato di senso della storia può mettere in dubbio che Gesù sia esistito e che abbia svolto una sorta di attività missionaria in Galilea, molto probabilmente alla fine degli anni Venti o agli inizi degli anni Trenta del I sec.: prima di essere giustiziato a Gerusalemme sotto

---

[1] G. JOSSA, *Il cristianesimo antico, Dalle origini al concilio di Nicea.* Carocci, Roma 2007, p. 11.

Ponzio Pilato. Quindi, come afferma Dunn, «‹il fatto storico del cristianesimo non si può spiegare senza il fatto storico Gesù di Nazareth››.[2]

Per conoscere il Cristianesimo, quindi, è necessario prima conoscere il suo fondatore Gesù Cristo? La questione non è posta in termini corretti. Identificare Gesù come il Cristo è già un'interpretazione, in questo caso teologica, poiché così Gesù è visto, filtrato, interpretato dall'Esaltazione Celeste: il sepolcro vuoto è letto con la categoria della risurrezione. Le fonti non accertano, in senso storico, il sepolcro vuoto, ma ammetterlo tale e interpretarlo con la categoria della risurrezione, equivale a una professione di fede che "unge" del crisma messianico-religioso quel Gesù di Nazareth vissuto nell'Israele del I secolo dopo Cristo. L'interpretazione di fede che lo identifica come il Cristo, il Messia, è una verità possibile, ma non è un fatto storico. La disciplina storica non può pronunciarsi sull'aspetto religioso, ma può contribuire alla riflessione con l'indagine storica sulla figura di Gesù di Nazareth. Appurando, per esempio, se egli si ritenesse o meno il Cristo. E se sì, capire in quale visione messianica egli si identificasse.

Gesù di Nazareth: un uomo sfuggente

Un terreno di ricerca senza dubbio ostico e scivoloso, anche a causa dei "pregiudizi" che possono far correre al ricercatore il rischio di perdere di vista l'oggetto storico. Inoltre, Gesù si discostò davvero dal suo

---

[2] J. D. G. Dunn, *Cambiare prospettiva su Gesù*, Paideia, Brescia 2011, p. 25.

contesto di origine? E, se sì, fino al punto da voler fondare – o dare mandato di farlo ai discepoli – un nuovo movimento o addirittura una nuova religione? Le difficoltà di inquadrare la figura di Gesù non è però una novità. Di primo acchitto, si potrebbe essere tentati di attribuire i disagi contemporanei soprattutto ai due millenni che ci separano dalla sua persona. In realtà, già le fonti antiche ci restituiscono un Gesù sfuggente, restio ad essere inquadrato entro schemi convenzionali.

In un famoso passo del Vangelo di Marco, Gesù è in cammino con i discepoli nei pressi di Cesarea di Filippo, ad un tratto chiede ai discepoli: «Chi dice la gente che io sia?». I discepoli riportano allora le differenti – e numerose – versioni che avevano avuto modo di ascoltare presso il popolo: «Ed essi gli risposero: Giovanni il battista, altri poi Elia e altri uno dei profeti»[3]. Gesù di Nazareth costituiva quindi un enigma già per gli uomini del suo tempo. Le stesse fonti evangeliche registrano una certa incertezza anche sul tipo di messianismo incarnato da Gesù. Nel noto passo della "confessione di Pietro", l'apostolo lo riconosce come Messia, ma al contempo rifiuta la versione messianica del servo sofferente preannunciata da Gesù. E la reazione di quest'ultimo è sorprendentemente dura, tanto che Pietro viene apostrofato come "Satana"[4].

---

[3] *Mc.* 8, 27-30, *Bibbia di Gerusalemme*, CEI 1974.
[4] La cosiddetta "confessione di Pietro" è un testo della triplice tradizione (*Mc* 8,27-30; *Mt* 16,13-20 e *Lc* 9,18-21), qui si preferisce la versione Marciana.

...e voi chi dite che io sia?

Pertanto anche i contemporanei di Gesù trovavano difficoltà nell'elaborare una chiara e univoca interpretazione ontologica, la stessa difficoltà – nella quale si cela, per la verità, anche il fascino della questione – di noi moderni. In questo lavoro ho cercato di fornire un ventaglio delle risposte "possibili" a quella domanda posta da Gesù più di duemila anni fa e che ancor oggi suscita in ognuno, in qualsiasi ambito, risposte differenti.

Perché quella domanda, piaccia o non piaccia, non ha perso d'attualità nel corso dei secoli e continua ad interpellare ciascuno di noi. Partiremo come spunto dalla domanda evangelica ‹‹e voi chi dite che io sia?›› e cercheremo di rifarci ad autorevoli autori che propongono metodologie e modelli di ricerca analizzando Gesù nel suo tempo, nel contesto in cui è realmente vissuto, e studiato come puro soggetto storico.

Sottoporremo la domanda marciana di duemila anni fa a chi indaga attualmente sulla figura del Nazareno, analizzando il comportamento gesuano nel suo contesto, secondo le categorie mentali dell'epoca ma con la conoscenza e metodologia attuale di ricerca. Sottoporremo loro i quesiti che attualmente sono di maggior *impact* per cercare di determinare e collocare la figura di Gesù di Nazareth.

Il percorso comincerà con un'analisi volta al chiarimento dell'oggetto della ricerca. E' necessario cercare di ricavare dalla ricerca, seppur con tutti i suoi limiti, l'oggetto che essa ci offre e non quello che gli studiosi vogliono per confermare o abolire preconcetti propri o altrui. Attraverso poi una descrizione delle fasi della ricerca storica su Gesù, si cercherà di descrivere per ogni fase idee e metodologie, dagli inizi fino alle tendenze attuali. Con i capitoli successivi, si cercherà di andare più nel particolare e sottoporre ai modelli in esame le questioni più intriganti riguardo la vicenda storica di Gesù.

Un ebreo "marginale"?

Il secondo capitolo affronterà invece la questione del rapporto di Gesù col giudaismo: se egli fosse un antinomista, oppure un elemento di rottura con la Legge mosaica e quindi implicitamente portatore di una nuova Legge (Cristianesimo?). Oppure ancora se fosse un ebreo "marginale". Si cercherà di dare delle risposte al quesito analizzando il ruolo, la funzione, della Legge nel contesto giudaico, se essa avesse una connotazione religiosa o fosse elemento di un'etnia, e quindi cercheremo di capire se il giudaismo risponda meglio alle caratteristiche di una religione o a quelle di un'etnia. Inoltre, attraverso i modelli in esame, si cercherà di interpretare le direttive gesuane sul sabato e sull'amore per il prossimo e per i nemici. L'aspetto principale che il terzo capitolo cercherà di analizzare è la questione della caratteristica proclamazione gesuana del Regno di Dio. Un primo passo è la contestualizzazione storica di tale annuncio, per poi passare all'analisi semantica del sintagma "Regno di Dio" dai vari punti di vista delle metodologie prese a modello. Nel capitolo quarto, si tenta di analizzare la fine di Gesù nella città di Gerusalemme, ossia la sua condanna. Attraverso una descrizione dei poteri, politici e non, del tempo, si vedrà come i vari modelli di ricerca interpretino e ripartiscano le responsabilità dei poteri ivi esistenti.

Tra il Gesù reale e quello della storia

Una conclusione la si può già qui anticipare. Certo è che sia nei modelli qui presentati e sia nella ricerca in generale, non troveremo mai un autore che interpreti il ruolo di Pietro. Nel senso che nessuno si porrà in qualità di portavoce per tutti. Nessuno responsabilmente potrà affermare di essere il detentore della vera interpretazione di Gesù.

Nessuno riconoscerà la verità oggettiva di Gesù. Questo riconoscimento è impossibile anche per chi riconosce in Gesù il Cristo della fede, poiché riconoscere in Gesù il Cristo della fede può essere, come si diceva sopra, una delle verità, non l'unica opzione possibile. Su questo punto conviene anche chi ha fede, poiché se fosse la Verità unica, la fede verrebbe invalidata o – come dice Bultmann – annientata. È anche vero, però, che per il Cristo della fede è fondamentale il riferimento al Gesù storico. Dal canto suo Joseph Ratzinger, papa Benedetto XVI, nel suo libro dedicato a Gesù di Nazareth afferma:

Per la fede biblica, infatti, è fondamentale il riferimento a eventi storici reali. Essa non racconta leggende come simboli di verità che vanno al di là della storia, ma si fonda sulla storia che è avvenuta sulla superficie di questa terra. Il factum historicum per essa non è una chiave simbolica che si può sostituire, bensì fondamento costitutivo: Et Incarnatus est, con queste parole noi professiamo l'effettivo ingresso di Dio nella storia reale. Se mettiamo da parte questa storia, la fede cristiana in quanto tale viene eliminata e trasformata in un'altra religione. Se dunque la storia la fatticità, in questo senso appartiene essenzialmente alla fede cristiana, quest'ultima dovrà esporsi al metodo storico. È la fede stessa che lo esige[5].

Anche il credente quindi vuole incontrare Gesù, non qualcuno vestito di panni presi in prestito dalla filosofia. Bisogna ammettere che lavorare sulla figura storica di Gesù di Nazareth è un'operazione che comporta particolari difficoltà, ed esse risultano evidenti sia a chi si approccia in maniera "sontuosa" (come Benedetto XVI), sia a chi si approccia in maniera occasionale e non accademica alla materia. Gesù interessa persone e ambienti che vanno al di là dei soli confini dottrinali, in positivo e in negativo. Bisogna però altresì aggiungere che le difficoltà della ricerca non agiscono come forze contrarie, ma rinvigoriscono e stimolano la ricerca stessa.

---

[5] J. RATZINGER, *Gesù di Nazareth. Dal Battesimo alla Trasfigurazione*, Bur, Milano 2011, p. 20.

CAPITOLO PRIMO

LA RICERCA STORICA SU GESÙ: OGGETTO E FASI

L'oggetto della ricerca

La ricerca storica su Gesù vuole raggiungere il proprio oggetto in prima istanza mediante un esame critico dei testi biblici secondo un criterio della ragione (storica). Essa presuppone un cambiamento nella concezione della Bibbia, in particolare dei Vangeli. Come il medico, che per la diagnosi di una malattia non si affida più alla descrizione che il paziente fa dei sintomi, ma li indaga criticamente sulla base della tassonomia scientifica delle malattie e della loro sintomatologia, così la ricerca storica su Gesù di nuova formazione non si affida più ai racconti biblici su Gesù ma li esamina sulla base di una concezione empirica del mondo.

Punto di partenza della ricerca sul Gesù storico è dunque qualcosa di simile a un'ermeneutica del sospetto, le storie diventano sospette, soprattutto quelle che sembrano contraddire più di ogni altra la nostra esperienza del mondo.

Il concetto di "reale"

Il concetto di "reale" contiene sfumature semantiche che, ancor più chiaramente di quanto non faccia l'aggettivo "storico", richiama l'attenzione non solo su aspetti epistemologici ma in certa misura anche ontologici. Il termine "reale" ha inevitabilmente anche un significato teologico, poiché come abbiamo già detto Gesù differisce da tutte le altre personalità (seppur forti) della storia in quanto è oggetto di venerazione.

In un'analisi della figura storica di Gesù è fondamentale, quindi, fare un distinguo importante, cioè quello tra Gesù storico e Gesù reale. Secondo Meier

> Il Gesù storico non è il Gesù reale. Il Gesù reale non è il Gesù storico, sottolineo questo paradosso fin dall'inizio, perché nella ricerca del Gesù storico nasce una confusione senza fine quando non si distinguono chiaramente questi due concetti[6].

Meier articola questa sua distinzione col fatto che arrivare effettivamente alla realtà delle cose ci è impossibile, poiché Gesù non ha scritto nulla e i dati che ci informano di lui sono delle testimonianze indirette sulla sua persona. Il concetto è che non ci può essere un fondamento assoluto e definitivo per una determinata interpretazione di Gesù. Infatti anche Joseph Ratzinger, nel suo *Gesù di Nazaret*, afferma:

---

[6] J. P . MEIER, *Un ebreo marginale. Ripensare il Gesù storico, I. Le radici del problema e della persona*, Queriniana, Brescia 201, p. 21.

Non ho di sicuro bisogno di dire espressamente che questo libro non è in alcun modo un atto magisteriale, ma è unicamente espressione della mia ricerca personale del "volto del Signore" (cfr. *Sal* 27, 8). Perciò ognuno è libero di contraddirmi[7].

Avevamo detto in precedenza che non avremmo trovato nessuno che interpretasse il "ruolo" di Pietro, a conferma di ciò, vediamo nel passo sopra citato che nemmeno chi è riconosciuto universalmente dai fedeli come suo "successore" si prende la responsabilità di offrire un Gesù reale e indiscutibile. Anche se si decidesse di presentare il Gesù reale, già la scelta dei fatti "reali" sarebbe un'interpretazione. Infatti, secondo Stegemann «qualsiasi scelta è già essa stessa un'interpretazione»[8]. Nello scegliere i dati del Gesù reale, si creerebbe un Gesù "storico", ma «il Gesù reale è una chimera scientifica»[9].

Il Gesù storico, una costruzione della scienza storica

La ricerca storica su Gesù non dispone di alcuna testimonianza diretta del soggetto studiato, ma "dipende" esclusivamente da testimonianze di terzi. Già Martin Kahler si soffermava sull'inadeguatezza dei Vangeli in quanto fonti per il Gesù storico:

> …per una vita di Gesù non possediamo alcuna fonte che uno storico possa far valere come attendibile e sufficiente. Sottolineo: per una biografia di Gesù di Nazareth sul metro della scienza storica odierna…

---

[7] J. RATZINGER, *Gesù di Nazareth, Dal Battesimo alla Trasfigurazione,* cit., p. 20.
[8] W. STEGEMANN, *Gesù e il suo tempo.* Paideia, Brescia 2011, p. 116.
[9] *Ibidem.*

In primo luogo le nostre fonti, cioè i cosiddetti vangeli, stanno lì così isolati che senza di essi non sapremmo proprio nulla di Gesù, sebbene la sua epoca e il teatro della sua vita siano per altro verso assolutamente chiari sotto il profilo storico...Inoltre queste fonti non si possono ricondurre a testimoni oculari. Per di più esse narrano solamente l'ultimo brevissimo periodo della sua vita. Di conseguenza il critico "libero da pregiudizi" si vede di fronte a un grande campo di rovine di singole tradizioni[10].

Anche Bultmann sulla scarsa utilizzazione dei Vangeli ai fini storiografici trasse la conseguenza che come "oggetto" del suo libro su Gesù non avrebbe offerto la vita di Gesù ma il suo insegnamento:

...noi non possiamo sapere più nulla della vita e della personalità di Gesù, poiché le fonti cristiane non si sono interessate al riguardo se non in modo frammentario e con taglio leggendario[11].

Gesù e il realismo storico

Come vedremo nel seguito di questo lavoro, dal pessimismo degli storici ottocenteschi ne è passata di acqua sotto i ponti. Oggi si tende più a rimarcare la differenza tra la dimensione dello *storico* e quella del *reale*. Prima è stata citata la paradossale formula di Meier secondo cui il Gesù storico non è il Gesù reale, e il Gesù reale non è il Gesù storico. Egli ritiene che il Gesù storico sia un'astrazione, poiché per i mezzi a nostra

---

[10] M. KAHLER, *Il cosiddetto Gesù storico e l'autentico Cristo Biblico,* D'Auria, Napoli 1992, p. 21.

[11] BULTMANN, *Il rapporto tra il messaggio di Cristo del Cristianesimo primitivo e il Gesù storico in Exegetica I.* Marietti, Torino 1971 pp. 159-188.

disposizione possiamo costruire solo frammenti del Gesù storico. La nostra è una conoscenza frammentaria e questo perché il materiale documentario è insufficiente.

Il Gesù storico non è il Gesù di Nazareth reale, ma solo quella parte che siamo in grado di ricostruire, è il pallido profilo di un affresco sbiadito che consente molte interpretazioni, siamo in grado solo di coglierne i riflessi depositati nelle fonti. La storia reale, come la intende il realismo storico, resta inaccessibile. In definitiva per Meier il Gesù storico è una costruzione della scienza storica. Anche J.D. Crossan è sull'onda della soggettività insuperabile delle ricostruzioni su Gesù:

> Parto dalla premessa che il Gesù storico non può essere fissato una volta per tutte, che ci saranno sempre concezioni diverse su un Gesù storico[12].

Quindi il Gesù storico non è realmente l'uomo che camminò per i sentieri e le colline della Galilea; è bensì quanto si sa di quel Gesù: ‹‹il Gesù storico è il Gesù degli storici, non un *Ding an sich* (cosa in sé) kantiano››[13].

Una nuova prospettiva: il Gesù ricordato

La nozione di Gesù ricordato è una visione attiva solo se si opera un cambio di prospettiva. Su questo punto si è mosso in modo esemplare J.D. Dunn: ‹‹il nostro modo di concepire la trasmissione fedele di

---

[12] J. D. CROSSAN, *Der historische Jesus*, Monaco 1994, p. 555.
[13] L. E. KECK, *A future for historical Jesus*, Abingdon Press, Nashville And New York 1971, p. 35.

informazioni è condizionato dal paradigma letterario»[14]. Dunn elabora il suo concetto a partire da due punti.

In primis, non fu la fede pasquale per prima a lasciare un'impressione nei discepoli. L'*impact* che prima lo stesso Gesù terreno aveva impresso sui suoi seguaci, già questo fu fede, fiducia e "memoria". *In secundis*, Dunn è convinto che la tradizione di Gesù non si basasse inizialmente un testo scritto, ma sulla trasmissione orale. Per Dunn la missione di Gesù cambiò la vita ai singoli discepoli. Essi abbandonarono tutto e tutti per seguire Gesù nella sua missione. Questo abbandono e mettersi al servizio fu già una risposta di fede. L'effetto di Gesù si instaurò nel cuore e nella memoria dei discepoli, i quali custodirono il ricordo di ciò che avevano visto fare e sentito da lui. Per Dunn l'ipotesi che i discepoli abbiano cominciato a parlare di Gesù solo dopo la Pasqua, e in maniera solo scritta, appare incredibile e "non degna di essere presa in considerazione"[15]. Le prime forme più antiche della trasmissione di Gesù, furono espressione orale della fede, la fede del discepolo: non ancora la fede pasquale. Se per Dunn la tradizione era già attiva e custodita con Gesù in vita, siamo di fronte a una fede "gesuana" e non ancora "cristiana".

I limiti dell'impostazione letteraria

Un punto fondamentale della nuova prospettiva consiste nell'evidenziare uno dei limiti più rilevanti della ricerca storica su Gesù,

---

[14] J. D. G. DUNN, *Cambiare prospettiva su Gesù*,cit., p. 40.
[15] *Ivi*, p. 28.

ovvero la sua genesi in un periodo storico in cui l'impostazione predefinita dei ricercatori era un paradigma letterario: «siamo tutti figli di Gutemberrg e Caxton, apparteniamo a culture plasmate dal libro, una cultura che è preminentemente letteraria»[16]. Il metodo che ha dominato lo studio dei Vangeli sinottici nell'ultima generazione è stata la critica della redazione che considera i Vangeli quali prodotto "esclusivo" di revisione letteraria.

Oggi un tema di primaria importanza si può compendiare nel termine "ipertestualità", per la quale l'appropriazione di testi anteriori, tanto orali quanto scritti è concepita in senso esclusivamente letterario. Non saremo nella condizione adeguata per renderci conto di come funzioni una cultura non letteraria, una cultura orale, fin quando la ricerca non elimina la sua "impostazione predefinita" che è esclusivamente letteraria. Quella della Palestina del primo secolo, era una cultura orale più che letteraria, una cultura dove la tradizione era memoria e dove il ricordo era tramandato oralmente. Inoltre, si dovrebbe ricordare e considerare l'alfabetizzazione della Palestina ai tempi di Gesù. Una fonte autorevole come Harris attesta che «il tasso di alfabetismo in Palestina ai tempi di Gesù era probabilmente inferiore al 10% della popolazione»[17]. Quindi, essendo la Palestina un territorio non alfabetizzato, resta estremamente probabile che la tradizione più antica di Gesù sia stata prima di tutto un ricordo orale.

---

[16] *Ivi*, p. 96.

[17] W.V. HARRIS, *Lettura e istruzione del mondo antico*, Laterza, Roma-Bari 1991, p. 46.

L'ipotesi delle due fonti

Nella ricerca su Gesù, sin dall'inizio si partiva dall'analisi delle fonti col criterio che quanto più antico fosse un testo tanto più fosse "affidabile". L'ipotesi che prevalse fu quella delle due fonti: il vangelo di Marco, il più antico dei vangeli sinottici, era a sua volta fonte di Matteo e Luca, insieme a un'altra fonte comune (solo a Matteo e Luca), la famosa *fonte Q*. Dunn propone un interessante ragionamento sulla *fonte Q*:

> Due degli aspetti più produttivi della ricerca su Q hanno avuto particolare rilevanza. Uno è l'assenza in essa di un racconto della passione, essa è costituita esclusivamente da detti di Gesù. Il secondo è il carattere tipicamente galileo del materiale di Q, sembra esso aver preso forma in Galilea e pare tradire una prospettiva galilea, tanto da identificare "una comunità [con] un documento[18].

La tendenza dell'impostazione letteraria colloca *Q* e la sua comunità in un periodo post-pasquale di discepoli della Galilea che non conoscevano l'annuncio della morte e risurrezione, oppure, in opposizione a questa "categoria", si identificava Gesù quale grande maestro di sapienza e di morale, perciò se ne conservavano aforismi pungenti. Dunn "cambia prospettiva" su questo punto. Per lui la spiegazione più ovvia è che il materiale di *Q* nacque inizialmente in Galilea e lì ricevette la sua forma permanente. Prima della morte di Gesù a Gerusalemme. E' l'insegnamento di Gesù durante la sua missione in Galilea, "ricordato" e posto nella sua forma attuale da coloro che furono con lui in Galilea. La fonte *Q* esprime gli effetti che Gesù produsse prima che la croce

---

[18] J. D .G. DUNN, *Cambiare prospettiva su Gesù*, cit., p. 40.

condizionasse il "ricordo" del suo insegnamento. Secondo Dunn ‹‹in Q si dimostra che non solo gli insegnamenti di Gesù erano stati "ricordati" ma erano già stati organizzati››[19]. È poco probabile che non ci sia stata nessuna tradizione conosciuta e circolante prima che Marco e altri anonimi redattori la mettesse per iscritto.

Prima della fonte scritta

Allo stesso modo, appare poco probabile è che Marco o Matteo o Luca si siano messi alla ricerca di documenti per redigere i Vangeli. La tradizione poteva essere nota solo a chi venne "l'ispirazione" di fissarla per iscritto? La risposta è negativa:

> Ovviamente no, come è vero che anche una volta scritta non cessò di essere orale. Anzi, la stesura scritta poteva servire proprio per diffonderla oralmente, perché in una cultura orale, la tradizione orale è memoria collettiva[20].

Per Dunn quindi, Q è contemporanea alla vita galilea di Gesù ed essa è un "ricordo collettivo" orale, di una cultura orale. Il materiale comune a Matteo e Luca testimonia di per sé la diffusione della tradizione orale di Gesù proprio nella sua variabilità.

Questo cambio di prospettiva ha conseguenze rilevanti, in questa oralità del Gesù ricordato, una volta che si abbandoni l'ipotesi della dipendenza letteraria esclusiva, sarà ancor più difficile tracciare la storia delle

---

[19] *Ivi*, p. 140.
[20] *Ivi*, p. 139.

tradizioni. Il solo modello di sviluppo lineare, strato su strato, redazione su redazione non è più appropriato, poiché se si riconosce il carattere orale di una prima tradizione di Gesù, si deve abbandonare l'idea di una singola forma originaria a cui devono essere ricondotte tutte le altre versioni. È importante sottolineare che Dunn non intende dire che è impossibile parlare degli effetti originatori di Gesù stesso, anzi, è proprio il contrario. Per lo studioso ‹‹le varianti redazionali non indicano né contraddizioni né manipolazioni, esse sono semplicemente il marchio di una tradizione orale››[21], ossia la "variazione dell'identico" nel "ricordo di ognuno".

Ora, esposto il concetto, al di là delle varie figure di Gesù, sia reale, storico o ricordato, una considerazione o delle domande sorgono spontaneamente e prepotentemente. La storia di Abramo e di Isacco non è documentata meglio di quella di Ulisse, Penelope o della guerra di Troia. Eppure si riconosce unanimamente che i personaggi omerici siano "filtrati" da secoli di oralità prima di arrivare alla redazione scritta. Ma quando leggiamo le opere di Omero non ci chiediamo se chi le ha scritte riporti, come dice Penna, ‹‹l'ipsissima verba››[22] di Omero. Perché invece di Matteo, Marco, Luca e gli altri sì? Forse perché, come scrive Auerbach:

---

[21] *Ivi*, p. 142.
[22] R. PENNA, *I ritratti originali di Gesù il Cristo. Inizi e sviluppi della cristologia neotestamentaria, Volume 1. Gli inizi*, San Paolo, Cinisello Balsamo (Milano) 1996, p. 37.

«se non si "crede" ad Omero si può fare delle "sue" opere l'uso che era nelle sue intenzioni, mentre se non si crede a Gesù non se ne può fare dei Vangeli l'uso per cui furono scritti»[23].

Potrebbe essere proprio questo il punto da cui partì la ricerca storica? Cercare di "invalidare" il Gesù terreno, distinguendolo dal Gesù Cristo della fede, e far perdere autorità ai Vangeli? Oppure, viceversa "trovare una conferma" a quanto la fede propone? Quindi, perché la ricerca storica su Gesù?

Le fasi della ricerca

Nella ricerca storica su Gesù si tratta, nei limiti del possibile, di cercare di rendere presente la vita storica di Gesù. Questo è un interesse comune a tutte le fasi della ricerca, ciò che però distingue l'una dall'altra è l'approccio e il procedimento metodologico. Connessa a questo procedimento (storico-critico) è la sostituzione dell'autorità della Bibbia con "l'autorità" delle istanze della ragione e della ricerca.

I quattro Vangeli sono oramai solo il materiale di partenza ed essi stessi sono sottoposti a esame critico, interessato soprattutto alla differenza tra racconto e storia. La ricerca storica su Gesù si può convenzionalmente dividere in quattro fasi:

---

[23] AUERBACH, *Mimesis. Il realismo nella letteratura occidentale, 2 vol.* Torino 1956, p. 16.

First quest	(1778-1906)
No Quest	(1906-1953)
Second (New) Quest	(1953-1973)
Third Quest	(1973-oggi).

First quest: la critica dei dogmi e della Chiesa

A detta di Albert Schweitzer, la ricerca storica su Gesù non nasce da un interesse prettamente scientifico ma soprattutto da un interesse di emancipazione, di critica nei confronti della Chiesa e dei dogmi:

> L'indagine storica sulla vita di Gesù non è partita dal puro interesse storico, ma ha cercato il Gesù della storia come colui che poteva aiutarla nella lotta di liberazione dal dogma[24].

Schweitzer, in particolare, fa risalire l'inizio della ricerca del Gesù storico alla teologia protestante tedesca. Infatti, ‹‹la ricerca sulla vita di Gesù è un'opera di veracità del cristianesimo protestante››[25]. Schweitzer individua un inizio della ricerca con Reimarus, mentre Dunn fa risalire l'origine addirittura al Rinascimento e agli studi filologici e di critica testuale della Bibbia che andavano allora sviluppandosi. Caratteristica

---

[24] A. SCHWEITZER, *Storia della ricerca della vita di Gesù*, Paideia, Brescia 1986, p. 47.
[25] *Ivi*, p. 45.

comune delle prime due epoche della ricerca fu la contrapposizione di Gesù di Nazareth al Cristo della fede.

Un nazareno "antidogmatico"

Si può a ragione dire che la ricerca storica su Gesù iniziò dalla volontà di porlo in antitesi col Cristo della fede. La motivazione soggiacente al sorgere dell'espressione "Gesù storico" fu di fare piazza pulita dei grovigli del dogma per scoprire dietro di esso il Gesù reale. Dal canto suo, Dunn osserva:

> …questa motivazione non può dare soddisfacimento se vi si risponde con i grovigli dell'incertezza storica; quale vantaggio si ricava a scambiare il Gesù dei dogmatici con il Gesù degli storici?[26]

La confusione tra Gesù reale, Gesù storico o Gesù ricordato, non ha fatto che mascherare non il Gesù reale, ma il problema reale, cioè che il Gesù della storia: ‹‹doveva essere differente dal Gesù della fede o addirittura dal Gesù che suscitava fede››[27]. Si evince quindi, che la peculiarità di questo periodo della ricerca sta nell'aver cercato non semplicemente il Gesù storico, ma un Gesù che si ponesse antitetico al Cristo della fede e al Gesù dei Vangeli. Ciò che diede l'*input* allo svincolarsi dal dogma fu la mancanza di umanità, fu il sospetto che Gesù di Nazareth fosse stato celato al nostro sguardo dalla fede post pasquale in Gesù quale Signore. Fu questo a spingere la ricerca:

---

[26] J.D.G. DUNN, *Cambiare prospettiva su Gesù*, cit., p. 33.
[27] *Ibidem.*

…se ne trasse l'errata conclusione di partire nella ricerca col preconcetto che il Gesù storico, il Gesù uomo, deve quindi naturalmente essere differente da quello visto attraverso le lenti colorate della credenza che Cristo fosse figlio divino di Dio[28].

Un messia politico (fallito)?

In ambito germanofono, e per la prima volta apertamente, questo procedimento di esame e critica viene alla luce del sole con la pubblicazione dei sette *Frammenti di un anonimo* che il prof. Reimarus aveva composto e fatto circolare[29]. Egli sottopose tutta la Bibbia, e i Vangeli in particolare, all'esame dell'attendibilità storica, studiò Gesù nel contesto della società e della cultura giudaica del tempo. Per lo studioso tedesco, Gesù non era altro che un pretendente messianico, dai suoi contemporanei non esigeva nulla che andasse oltre il riconoscimento di questa sola rivendicazione:

> Gesù rivela soltanto alla lontana di essere il messia, ad esempio quando alla domanda esplicita se egli sia colui che deve venire non risponde direttamente ma ricorda i portenti che ha compiuto e che sono attesi dal messia.

S'incorrerebbe dunque in un grave errore se dietro la fede nel vangelo o la fede in Cristo si volessero intendere tutti gli articoli di fede del nostro catechismo e di quelle tesi che dividono il cristianesimo attuale dai

---

[28] *Ivi*, p. 34.

[29] H. S. REIMARUS, *"Dello scopo di Gesù e dei suoi discepoli"* in i *Frammenti dell'Anonimo di Walfenböttel*, pubblicati da G.E. Lessing (a cura di F. Parente), Bibliopolis, Napoli 1977, pp. 394-534.

giudei e turchi. No, cristianesimo significa soltanto che Gesù è il Cristo[30].

La morte in croce di Gesù rappresenta per Reimarus solo il fallimento di un pretendente messianico. Un "messia" che voleva espellere i Romani dalla sua terra divenendo così egli stesso vittima della loro dominazione. Per Reimarus dunque Gesù non ha né fondato né voluto fondare una nuova religione. Inoltre egli distingue tra lo scopo di Gesù e quello dei discepoli, i quali hanno fondato la Chiesa su di un inganno. Il Gesù storico di Reimarus non è più identico al Cristo predicato dagli apostoli e dalla Chiesa.

Merito di Reimarus fu però di aver introdotto una concezione di discontinuità, mentre fino a quel momento si era ritenuta ovvia la continuità tra la vita di Gesù e la predicazione della comunità cristiana primitiva. In conclusione, il dato di fatto è che il Gesù della storia non coincide con il Cristo dei racconti evangelici.

Né cristiano, né ebreo

C'è però da fare ancora un'altra considerazione su Reimarus. Il risalto che egli dava all'identità giudaica di Gesù era dettato non dall'intento di rendere giustizia al giudaismo ma di confrontarsi criticamente col cristianesimo. Pur esprimendo per un verso il contrasto fra Gesù e il

---

[30] *Ivi*, p. 42.

cristianesimo, collocando Gesù nel giudaismo, al tempo stesso lo contrappone anche a quest'ultimo, come osserva Stegemann:

Reimarus cercò di separare l'annuncio di Gesù o la religione di Gesù sia dalla religione cristiana sia dalla religione del giudaismo, ha contrapposto la sua immagine dell'identità giudaica di Gesù a un'immagine di giudaismo che già al suo tempo era segnata da molti stereotipi[31].

È evidente quindi che in Reimarus s'incontri una doppia distinzione di Gesù, sia dal cristianesimo sia dal giudaismo.

Il Gesù reale da "restaurare"

Come si è detto, per Schweitzer la ricerca su Gesù (la *First Quest*) iniziava con Reimarus, e finiva all'incirca con Wrede col suo libro sul segreto messianico del 1901. Secondo Stegemann si può estendere l'arco temporale includendovi anche altri esponenti. Vi fu ad esempio Schmidt. Egli aveva mostrato come la cornice narrativa del vangelo di Marco fosse la più antica, ma al tempo stesso letteraria.

Quindi in tal modo aveva aperto la strada alla cosiddetta storia delle forme e all'atomizzazione della tradizione di Gesù. L'obiettivo di questa prima fase della ricerca fu di riscoprire dietro il Cristo della fede, il Gesù storico. Si immaginava l'impresa come il restauro di un grande capolavoro, gli strati del dogma posteriore somigliavano agli strati di vernice e polvere che velano le pennellate autentiche di Michelangelo;

---

[31] W. STEGEMANN, *Gesù e il suo tempo*, cit., p. 185.

soltanto rimuovendo gli strati del dogma si poteva riscoprire l'autentico genio originario di Gesù.

Come osservato da Dunn, «si levò il grido di guerra …dal vangelo su Gesù al vangelo di Gesù stesso!»[32]. Ci si proponeva di liberare il Gesù reale, il Gesù storico, dalle catene e dalle velature della fede posteriore.

Il Gesù della discontinuità

Un contributo alla causa lo diede anche Ernest Renan, con lui emerse un Gesù assai lontano dal Cristo del dogma. Per Renan infatti

> Gesù favoriva un puro culto, una religione senza sacerdozio e senza pratiche esterne, che posasse sui sentimenti del cuore, sull'imitazione di Dio, sul rapporto immediato della coscienza col padre celeste[33].

La linea direttrice di riscoperta in senso "archeologico" del Gesù storico non fu semplicemente quella di eliminare la fede dei credo e dei dogmi successivi ma «bisognava rimuovere già la fede dei primi cristiani»[34]. Per Adolf Harnack

> …fu Paolo a inaugurare il processo che portò alla trasformazione dell'annuncio di Gesù da semplice annuncio giudaico moralizzante a religione ellenizzante del culto sacrificale. Il Vangelo di Gesù che

---

[32] J.D.G. DUNN, *Cambiare prospettiva su Gesù*, cit., p. 19.
[33] E. RENAN, *La vita di Gesù*, Bur, Milano 1992, p. 87.
[34] J. D.G. DUNN, *Cambiare prospettiva su Gesù*, cit., p. 20

verteva sul Regno di Dio fu trasformato da Paolo nel Vangelo incentrato su Gesù stesso[35].

Chiudiamo questa prima fase della cosiddetta *First Quest* con l'opinione di Bultmann. In Bultmann venne estremizzato il problema della discontinuità tra il Gesù storico e il Cristo predicato. Per il Cristo del *Kerygma* il significato del Gesù storico è ridotto al minimo. In sostanza Bultmann parte da un presupposto opposto a Benedetto XVI, ma arriva alla stessa conclusione.

Diamo uno sguardo più da vicino all'idea bultmaniana anche perché è stata la sua opinione ad aver suscitato i più ferventi dibattiti sia in ambito teologico sia in ambito storico

Bultmann e il Gesù storico "non essenziale" al *Kerygma*

Secondo Bultmann c'è differenza tra il Gesù storico e il Cristo del *Kerygma*. Per lui l'alterità di Dio comporta la cancellazione di tutto l'uomo e di tutta la storia. Se si cerca di dare una motivazione alla fede, l'essenza della fede è annientata per il fatto stesso che si cerchi di motivarla. Come notato da Leroy:

> Per Bultmann Dio non è un oggetto della conoscenza umana che sia possibile studiare come gli altri oggetti, per lui Dio si rivela e solo nella rivelazione è possibile conoscerlo, ma non conoscerlo in senso razionale. La questione posta da Bultmann non è in termini di

---

[35] A. HARNACK, *L'essenza del cristianesimo*, Queriniana, Brescia 2003, pp. 143-180.

antropomorfia. Quando l'idea di Dio è compresa dall'uomo, essa comporta la messa in discussione dell'uomo stesso. Questa concezione della rivelazione è legata alla fede, e quest'ultima si compie nell'accettazione del kerygma non nel Gesù storico, appunto proprio perché se il Gesù storico motivasse la fede, la annienterebbe[36].

Nella sua famosa opera del 1929, intitolata semplicemente *Jesus*, Bultmann afferma:

Io sono indubbiamente del parere che noi non possiamo sapere più nulla della vita e della personalità di Gesù, poiché le fonti cristiane non si sono interessate al riguardo se non in modo molto frammentario e con taglio leggendario, e perché non esistono altre fonti su Gesù[37].

Il Gesù della storia: un Cristo irrilevante

In sostanza, non vi è continuità tra il Gesù della storia e il Cristo del *Kerygma* (della predicazione): il Gesù storico è irrilevante per la fede cristiana. Certo, nei Vangeli il Cristo del *Kerygma* è lo stesso Gesù di Nazareth; la confessione di fede contenuta nei Vangeli afferma il fatto dell'esistenza di Gesù, ma lo stile e il contenuto della sua predicazione sono irrilevanti.

Bultmann traccia quindi un bilancio negativo della ricerca, quasi emette un verdetto. Questo verdetto di Bultmann ha avuto un'influenza lunga

---

[36] H. LEROY, *Gesù. Tradizione e Interpretazione,* Salerno editrice, Roma 2001, p. 102.

[37] R. BULTMANN, *Gesù,* Queriniana, Brescia, 1972, p. 103.

perché è stato emesso con tutto il peso della riflessione teologico-sistematica. Resta da osservare che in questo modo, Bultmann ha bloccato per un lungo periodo la ricerca sul Gesù storico, allontanandola dal centro della problematica e limitandone l'attività prevalentemente in quel che era l'esegesi neotestamentaria.

Se, da un lato, la *First Quest* (liberale) enfatizzava il Gesù storico, in contrapposizione alla predicazione apostolica, e, dall'altro, Bultmann enfatizzava la predicazione apostolica, indipendentemente dal Gesù storico, per lui l'essenza del *Kerygma* era altra, quindi il Gesù storico non era "essenziale" per il Cristo della fede.

Second (new) quest

Con Bultmann abbiamo chiuso la descrizione della prima fase della ricerca. Solo a partire dagli anni Cinquanta e Sessanta si registra un'inversione di tendenza, ed è proprio Bultmann ad informarcene. Nella famosa conferenza alla Heidelberg Akademie Der Wissenschaften (1959), affermò infatti:

> La questione del rapporto dell'annuncio protocristiano di Cristo col Gesù storico è diventata oggi attuale in senso nuovo. Nei giorni della ricerca sulla vita di Gesù (e della cosiddetta teologia liberale) la questione era dominata dall'interesse a mettere a nudo l'immagine del Gesù storico liberandola dalle incrostazioni che sul Kerygma aveva depositato l'annuncio protocristiano. Si dava importanza alla constatazione della differenza tra Gesù e il Kerigma. Oggi avviene il

contrario: l'interesse va a far emergere l'unità del Gesù storico col Cristo del Kerygma[38].

In effetti, questo è il nocciolo della differenza tra la prima e la seconda ricerca su Gesù. Intorno al 1950, Gunther Bornkamm, perorando la causa di una nuova ricerca sul Gesù storico afferma:

> …la tradizione in ogni suo strato e in ogni singola parte, è testimoniata dalla realtà della storia di Gesù e della sua "risurrezione", il compito è cercare nel Kerygma dei vangeli la storia, ma anche cercare nella storia il Kerygma[39].

Un Cristo da ricomporre

Anche un allievo di Bultmann, Ernest Kasemann, nella *New Quest*, intende ricomporre la frattura: «noi non dobbiamo più vagliare e rendere plausibile l'eventuale inautenticità ma l'autenticità di ogni passo»[40].

Egli fa notare che, senza un collegamento tra il Cristo della fede e il Gesù della storia, il Cristianesimo si ridurrebbe ad un mito astorico; d'altra parte, se la Chiesa primitiva non fosse stata interessata alla storia di Gesù, come spiegare la redazione dei Vangeli i quali, sebbene non siano opere storiche, sono comunque interessati alla storia di Gesù? Ne consegue che, pur essendo un chiaro prodotto post-pasquale, i Vangeli

---

[38] R. BULTMANN, *Il rapporto tra il messaggio di Cristo del cristianesimo primitivo e il Gesù storico* in *Exegetica I*, cit., pp. 445-469.

[39] G. BORNKAMM, *Gesù di Nazaret*, Paoline editoriale libri, Torino 1968, p. 10.

[40] E. KASEMANN, *Il problema del Gesù storico*, in *Saggi esegetici*, Marietti, Casale Monferrato 1985, p. 203.

non ci sarebbero stati se non ci fosse stata la previa convinzione della stessa identità tra Gesù della storia (nato, morto) e il Cristo della fede (risorto).

Kasemann è quindi convinto che, partendo dai Vangeli, sia possibile risalire alla storicità, sia pure non assoluta, dei *facta* e dei *dicta Jesu*. A livello metodologico, egli fissa due postulati concernenti l'uno lo statuto del testo evangelico, l'altro l'adozione dei criteri di autenticità. In primo luogo viene chiarito lo statuto del testo evangelico:

> I Vangeli non ci restituiscono un accesso diretto alla testimonianza dei contemporanei di Gesù, ma sono il frutto di una ricomposizione letteraria e teologica dei primi cristiani.

> La critica delle forme letterarie ha stabilito che la tradizione di Gesù non era mossa da una preoccupazione archivistica, ma piuttosto procedeva in vista di preservare una memoria di Gesù utile alla vita credente. I Vangeli ci trasmettono così la memoria che, dopo Pasqua, le comunità hanno preservato degli atti e delle parole del loro Signore; in effetti, il destino del Galileo fu compreso dai primi cristiani alla luce della risurrezione.

Quindi

> …diventa altamente improbabile ricostruire una biografia di Gesù, dal momento che il quadro narrativo dei Vangeli è stato concepito dagli evangelisti allo scopo di integrare la molteplicità dei piccoli racconti consegnati dalla tradizione.

In secondo luogo, bisogna adottare dei criteri di autenticità. Per ricerca di autenticità non si intende più la restituzione protocollare dei detti di

Gesù (che peraltro parlava aramaico, mentre i Vangeli sono stati redatti in greco), ma la ricerca di una coincidenza più stretta possibile con la sostanza e l'intenzionalità delle parole e dei gesti del Galileo[41].

Quali criteri di autenticità?

In sostanza quella che Romano Penna chiama: «non l'*ipsissima* verba Jesu ma l'ipsissima intentio Jesu»[42]. Kesemann individua i seguenti criteri di autenticità:

1 – *Criterio di attestazione multipla*: vanno ritenuti autentici fatti e gesti di Gesù attestati almeno da due fonti letterariamente indipendenti (per esempio un motivo attestato contemporaneamente da Paolo e Marco, o Matteo e Giovanni, o ancora Luca e il Vangelo di Tommaso).

2 – *Criterio dell'imbarazzo ecclesiale*: vanno ritenuti autentici fatti e gesti di Gesù che hanno creato difficoltà nella loro applicazione in seno alle prime comunità cristiane (per esempio il battesimo di Gesù per mano di Giovanni in *Mt* 3,13-17 sembra collocare Gesù in subordine rispetto al Battista, ponendo la Chiesa in difficoltà nel suo conflitto con i circoli battisti);

3 – *Criterio di originalità* (detto anche di differenza): una tradizione può considerarsi autentica a patto di non essere la pura ripresa di un motivo

---

[41] E. KASEMANN, *Das Problem des Historichen Jesu* in« *Zeitschrift fur Theologie und Kirche*», LI 1954, pp. 125-153.

[42] R. PENNA, I *ritratti originali di Gesù il Cristo, Inizi e sviluppi della cristologia neotestamentaria, vol.I, Gli inizi*, cit., p. 37.

presente nel giudaismo dell'epoca, o l'effetto di una rilettura cristiana post-pasquale.

Sono così scartate l'insistenza sulla *Torà* in quanto tale (è un dogma farisaico), o la riflessione sull'organizzazione della Chiesa (riflesso dell'interesse dei primi cristiani). Per contro, lo sferzante «lascia che i morti seppelliscano i loro morti» (Lc 9,60) non ha paralleli nell'Antichità, se non presso qualche filosofo cinico.

4 – *Criterio di coerenza*: il criterio della coerenza corregge il precedente a un doppio livello: primo, poiché non è realistico immaginarci Gesù in continuo disaccordo con il giudaismo, occorre verificare una coerenza "esterna", tale che l'azione e la parola di Gesù siano ben inserite nel contesto giudaico-palestinese del suo tempo; secondo, esiste una coerenza "interna", per cui si dovrà ritenere gesuano quel materiale che si conformi opportunamente all'insegnamento di Gesù già altrimenti stabilito.

Peculiarità della metodologia collocabile nella seconda ricerca è l'uso del criterio della differenza o dissomiglianza, questo proprio per mettere in risalto la non giudaicità di Gesù e "farlo diventare" il "fondatore volontario" del cristianesimo.

Third quest: la ricerca attuale

In questo paragrafo si mira a fornire una breve visione d'insieme sulla *Third Quest* attualmente in corso. Visione d'insieme nel senso che s'intende richiamare alcuni caratteri specifici di quest'epoca rispetto a quelle che l'hanno preceduta e alcune sue tendenze. Peculiarità della terza ricerca è senza dubbio l'identificazione di *un* Gesù non in antitesi né al giudaismo né al cristianesimo, ma *un* Gesù collocato e analizzato nel suo tempo, cioè nel tempo storico e culturale in cui è vissuto, *un* Gesù puramente ebreo. L'elemento più caratteristico è la valorizzazione dell'*ebraicità* di Gesù. In effetti, i biblisti sono stati indotti a ripensare l'immagine del giudaismo antico.

Gesù nel contesto di un giudaismo plurale

Uno studio più attento dei testi giudaici del primo secolo – inclusa la letteratura di Qumran – ha fatto emergere l'immagine più precisa di un giudaismo diverso e plurale, dove ogni corrente rivendica rispetto alle altre, perfino con asprezza, la giustezza della propria dottrina. In seno a questo brulichio di tendenze (Sadducei, Farisei, Zeloti, Esseni, ecc...), gli innegabili conflitti di Gesù con i propri contemporanei non vanno interpretati come conflitti con il giudaismo, bensì come conflitti interni al giudaismo. Se ne ricava che Gesù fu interamente giudeo, certamente un giudeo marginale e provocatore, ma con un messaggio e con un'azione che non fuoriescono dal quadro del giudaismo del proprio tempo.

L'ampliamento delle fonti

Altro importante elemento dell'attuale ricerca è che per questo tipo di analisi non si ricorre solo a fonti letterarie canoniche ma anche extracanoniche, e inoltre, ancora, non solo a fonti letterarie. Sul problema documentario, la terza ricerca ha ampliato enormemente gli orizzonti. Le prime due fasi consideravano fonti solo quelle letterarie ed esclusivamente quelle canoniche, in sostanza si analizzavano quasi esclusivamente i sinottici e già il Vangelo di Giovanni non era ritenuto attendibile. Sulla questione giovannea dà un interessante punto di vista Joseph Ratzinger. Egli parte dalla constatazione dei fatti, fotografa com'era considerato Giovanni precedentemente:

> Questa diversità del Vangelo di Giovanni ha indotto la moderna ricerca critica a disconoscere al testo la storicità e a considerarlo una ricostruzione teologica tarda. Secondo questa impostazione esso ci trasmette le posizioni di una cristologia molto sviluppata, ma non può rappresentare una fonte per il Gesù storico[43].

Il Vangelo ritrovato

L'indagine odierna invece – argomenta Ratzinger – conferma che il quarto Vangelo poggia su conoscenze straordinariamente precise dei luoghi e dei tempi, e pertanto può essere solo opera di qualcuno che aveva grande familiarità con la Palestina dei tempi di Gesù. Inoltre, il Vangelo è profondamente radicato nel giudaismo dell'epoca di Gesù.

---

[43] J. RATZINGER, *Gesù di Nazaret. Dal Battesimo alla trasfigurazione*, cit., p. 258.

L'opera è scritta in un greco di *koinè* non letterario, saturo della pietà giudaica, un greco parlato anche dal ceto medio dove al tempo stesso si leggeva la Scrittura, si pregava e si discuteva. Da notare come in filigrana emerga l'avallo dell'ipotesi di Dunn dell'oralità e dell'uso della scrittura come "ricordo" di Gesù. L'esposizione non magisteriale di Ratzinger è intellettualmente onesta, è un'ipotesi possibile e non sembra assolutamente contaminata da alcuna preimpostazione dogmatica.

Vangeli apocrifi e fonti non cristiane

Oltre alla considerazione del vangelo di Giovanni, la terza ricerca prende in esame anche altre fonti letterarie, quali il vangelo di Tommaso, il vangelo di Pietro e altri vangeli. Col vangelo di Tommaso si è davanti a una quantità considerevole di rapporti intertestuali con i vangeli canonici. Addirittura J.D. Crossan afferma che il vangelo di Pietro deve essere stato scritto in Galilea negli anni Cinquanta del I sec., e ne fa fonte di racconti della passione dei Vangeli canonici.

Altre fonti che la terza ricerca esamina sono le fonti non cristiane, quali le testimonianze giudaiche come le *Antichità* di Giuseppe Flavio, dove Gesù è menzionato in concomitanza con la morte di Giacomo, il fratello di Gesù il cosiddetto Cristo. Testimonianze romane come gli *Annali* di Tacito nel contesto dell'incendio di Roma (115-117 d.C.) e della persecuzione inflitta da Nerone ai cristiani. Tacito spiega il nome "cristiani" in relazione al loro fondatore: "Cristo dal quale deriva il loro nome fu condannato al tempo dell'imperatore Tiberio dal procuratore

Ponzio Pilato". O ancora come quella di Plinio il giovane che informa Traiano dell'usanza dei cristiani di riunirsi a invocare Cristo come Dio, oppure di Svetonio che nella biografia di Claudio parla di una diatriba tra i giudaiti di Roma, a causa di un certo *Chrestus*, che indusse l'imperatore ad espellerli.

I nuovi criteri

Oltre ad un uso più aperto delle fonti, la terza ricerca si caratterizza per altre peculiarità. Come si è visto, le fasi precedenti della ricerca utilizzavano come criterio di autenticità quello della dissomiglianza. Thiessen e Merz (ed è un po' la tendenza di tutta la *third quest*) sostengono invece che ‹‹il criterio della dissomiglianza debba essere sostituito dal criterio della plausibilità››.[44] Quest'ultimo presuppone tanto gli effetti dell'azione di Gesù sul Cristianesimo primitivo quanto l'appartenenza di Gesù alla cultura giudaica e all'universo simbolico del giudaismo: nelle fonti è storico ciò che si comprende come effetto di Gesù e che al tempo stesso può essere prodotto in un contesto giudaico. Detto altrimenti: ‹‹Gesù può aver detto e fatto soltanto ciò che avrebbe potuto dire e fare un carismatico giudeo del I sec››[45].

Nella terza ricerca quindi, molti studiosi non privilegiano più il criterio della doppia dissomiglianza bensì il criterio della plausibilità, tanto che proprio i detti che all'interno del giudaismo trovano analogie e appaiono

---

[44] G. THEISSEN- A. MERZ, *Il Gesù storico. Un manuale*, Queriniana, Brescia 2008, pp. 116-120.
[45] *Ivi*, p. 117.

plausibili hanno la maggiore probabilità di essere considerati gesuani. Questo criterio, tuttavia, non ci mette nella condizione di escludere che le peculiarità che sono associate al movimento di Gesù, all'interno del giudaismo del suo tempo, provengano dai suoi seguaci successivi (ed eventualmente degli autori dei vangeli) e siano state proiettate a Gesù a posteriori:

> In breve, anche a questo riguardo non si può evitare di riconoscere che non ci sono (finora) criteri che consentano di ricostruire, con quella certezza che nella ricerca è auspicabile, gli Ipsissima verba et facta di Gesù[46].

Un approccio interdisciplinare

Inoltre, importantissima caratteristica della terza ricerca, è il suo tipico orientamento interdisciplinare, essa si distingue per nuove impostazioni metodologiche a completamento di quelle della critica storica. Si ricorre a modelli dell'antropologia culturale e della sociologia, o della storia culturale e dell'archeologia in Terra Santa. Importante è l'antropologia culturale che porta a conoscenze fondamentalmente nuove sul mondo in cui viveva Gesù. Al riguardo, storia sociale e antropologia culturale hanno potuto mostrare quanto le condizioni di vita e i sentimenti culturali dei valori delle società occidentali moderne siano differenti dal mondo antico mediterraneo.

---

[46] W. STEGEMANN, *Gesù e il suo tempo*, cit., p. 175.

Inoltre, è importante evidenziare come la denominazione di terza ricerca non racchiuda un pensiero su Gesù universalmente condiviso. Anzi, anche al suo interno vi sono correnti differenti. Essa è solo una nuova fase, con conoscenze e metodi nuovi in aggiunta a quelli già esistenti e che porta a nuove idee che entrano in dialettica e non escludono le precedenti. La terza ricerca è un nuovo periodo di ricerca, dove tra l'altro si è avuto non solo un cambio di prospettiva, ma anche un cambio geografico del fulcro della ricerca. Infatti, essa si è spostata dall'area germanica a quella anglofona. Nemmeno la terza ricerca (per ora) ci consegna però *il* Gesù reale, ma ha il merito di studiare Gesù da un punto di vista più storico-critico e meno preimpostato.

CAPITOLO SECONDO

GESÙ ANTINOMISTA O GIUDEO NELLA LEGGE?

Legge e legalità, Legge e Vangelo

Come abbiamo visto dal *background* della ricerca nel precedente capitolo, gli studiosi tendevano a mettere in evidenza la distanza di Gesù dal giudaismo e dalla *Torà*. Questa antitesi spesso non rispecchiava un corretto metodo d'analisi perché si voleva mettere in evidenza la *"non giudaicità"* di Gesù a favore della *"cristianità"*. Punto di partenza della nostra analisi in merito è la domanda di Geza Vermes:

> Gesù ha rispettato o no la Torà di Mosè? Ha considerato la Legge ancora valida o fu sua intenzione abolirla, sostituirla o trasformarla?[47]

Queste domande richiamano l'attenzione su un retroterra profondamente teologico che influenza la formulazione stessa delle domande e le relative risposte. La questione del rapporto di Gesù con la Legge è condizionata per l'essenziale dal discorso teologico cristiano su Legge e Vangelo, che non è soltanto un tema interno alla dogmatica cristiana ma è anche d'importanza fondamentale per la delimitazione del cristianesimo dal giudaismo. Legge e legalità sono considerati l'essenza

---

[47] G. VERMES, *La religione di Gesù l'ebreo*, Cittadella, Assisi 2002, p. 21.

della religione giudaica e ad esse vengono contrapposti il Vangelo e la fede o la grazia come tratti distintivi del cristianesimo.

Date queste premesse, è evidente l'importanza dell'atteggiamento di Gesù nei confronti della *Torà*. Anzi, proprio in questo contesto la questione del rapporto di Gesù con la *Torà* acquista la sua motivazione teologica più importante. Secondo Stegemann però

...così le viene fornito un contesto anacronistico, se non altro perché non c'è affatto da attendersi che gli atteggiamenti di Gesù nei confronti della torà presuppongono problemi analoghi a quelli che sollevano Legge e Vangelo[48].

Il discorso su Gesù e la *Torà* oltre che essere di tipo teologico, si accompagna all'immagine (caricaturale) cristiana del giudaismo e della funzione che in questo ambito ha la Legge mosaica. Stegemann afferma che la questione del rapporto di Gesù con la Legge, per effetto di un discorso teologico come quello su Legge e Vangelo e di una caricatura cristiana del giudaismo e della Torà, ha subìto una contestualizzazione derivata, che sola poteva portare a risposte come quella di Bultmann, che vede

Gesù come una grande protesta contro il legalismo giudaico, cioè contro una religiosità che vede la volontà di Dio espressa nella legge e nella tradizione che l'interpreta e si sforza di ottenere benevolenza mediante il meticoloso adempimento delle sue prescrizioni[49].

---

[48] W. STEGEMANN, *Gesù e il suo tempo,* cit., p. 309.
[49] R. BULTMANN, *Teologia del Nuovo Testamento,* Queriniana, Brescia 1985, p. 10.

Invalidamento e superamento della Torà ad opera di Gesù?

Sulla questione ci sono varie linee, abbiamo già visto quella di Bultmann; ora introduciamo quella del suo allievo Kasemann. Kasemann fa riferimento alle "antitesi" del *Discorso della montagna*. Decisivo per lui nelle beatitudini è il "ma io vi dico":

Col ma io vi dico si rivendica un'autorità che va oltre quella di Mosè, chi rivendica un'autorità oltre e contro Mosè si è di fatto posto sopra e cessa di essere un rabbi cui spetta un'autorità che viene da Mosè[50].

In territorio giudaico non si incontra, né si può incontrare nulla di analogo, perché il giudeo che fa ciò porta la *Torà* messianica ed è il Messia. Sull'argomento e sul concetto di *Torà* del Messia si è espresso anche Joseph Ratzinger nel suo "ritratto" di Gesù di Nazareth:

Gesù fa prima una premessa che lui non è venuto ad abolire la Legge ma a dare compimento e chi trasgredisce o insegna a trasgredire la Legge sarà considerato minimo nel Regno dei cieli. Chi invece li osserva e li insegna sarà grande. Se all'inizio vi è una massima fedeltà e continuità tra la Torà del Messia e quella di Mosè, nell'andare avanti si vede una serie di "antitesi": fu detto ma io vi dico[51].

---

[50] E. KASEMANN, *Il problema del Gesù storico*, in *Saggi esegetici*, cit., p. 206.
[51] J. RATZINGER, *Gesù di Nazareth. Dal Battesimo alla Trasfigurazione.* cit., p. 128.

Ma io vi dico: valore avversativo o connettivo?

L'Io di Gesù risalta in un grado che nessun maestro della Legge può permettersi e la folla lo percepisce. Infatti, Matteo parla di spavento della folla. La centralità dell'Io di Gesù nel suo messaggio imprime una nuova direzione a tutto: ‹‹La perfezione della richiesta della Torà adesso sta nel seguire Gesù››[52]. A detta di Stegemann, si tratta di ‹‹deduzioni molto gravi che conseguono dalla contestualizzazione dei testi biblici originari mediante un titolo (antitesi) che il testo in sé non contiene››.[53] Dello stesso parare R. Feneberg:

> Per il discorso della montagna la parola antitesi è da evitare; è intrinsecamente fuorviante, perché Gesù non ha respinto nessuna affermazione della Bibbia. Il "ma io vi dico" è antitetico soltanto nelle nostre traduzioni. Il greco dei Vangeli non ha un "ma" fortemente avversativo, bensì un semplice connettivo[54].

E ancora Stegemann:

> Muller attribuisce la responsabilità di queste interpretazioni a suo dire errate, a una visione gravemente carente delle usanze e dei mezzi di religiosità protogiudaica, in fondo solo grazie ad approfondite conoscenze della legge vigente e dei modi del suo adempimento nel primo giudaismo e l'estirpare le idiosincrasie teologiche cristiane sarebbe stato possibile correggere la drasticità dei giudizi[55].

---

[52] *Ivi* p. 131.
[53] W. STEGEMANN, *Gesù e il suo tempo*, cit., pp. 313-314.
[54] R. FENEBERG, *Die Erwahlung Israel und die Gemeinde Jesu Christi. Biographie und Theologie Jesu im Matthausevangelium*, Freiburg 2009, p. 175.
[55] W. STEGEMANN, *Gesù e il suo tempo*, cit., p. 314.

Inasprimento a attenuazione della norma

Theissen e Merz forniscono una versione interessante di un tipo d'interpretazione che presuppone un atteggiamento ambivalente di Gesù nei confronti della Legge mosaica, in ragione del quale si attribuisce a Gesù un misto di critica e di affermazioni della *Torà*. Per fondare questa loro tesi, essi dispongono le affermazioni di Gesù su singoli comandamenti della Legge nelle categorie di "inasprimento della norma" e di "attenuazione della norma". Per loro, affermazioni che inaspriscono la norma si incontrano soprattutto nelle "antitesi" del *Discorso della montagna*.

Ma cosa intendono Theissen e Merz con norma? Cos'è ad esempio la norma del precetto sabbatico? Theissen e Merz le associano a norme etiche, dei precetti rituali tra cui vi è anche il sabato:

> Questi non verrebbero abrogati ma subordinati al comandamento sociale, il precetto del sabato viene subordinato al soccorso, non solo salvare la vita ma promuovere la vita a tal punto da "invalidare" i precetti[56].

La centralità qui è il valore della vita. A loro giudizio quindi, i cambiamenti richiesti da Gesù riguardano non i precetti della *Torà* addotti nel testo o la *Torà* in generale, ma la volontà e i sentimenti degli uomini che li praticano. Dal canto suo, per Stegemann

> ...la volontà e i sentimenti degli uomini non possono inasprire le norme della torà, bensì soltanto il nostro atteggiamento nei suoi confronti.

---

[56] G. THEISSEN-A. MERZ, *Il Gesù storico. Un manuale*, cit., p. 324.

Verso la torà Gesù non teme un atteggiamento ambivalente, semplicemente sollecitava al retto atteggiamento interiore[57].

Gesù di Nazareth, il fariseo?

Nel complesso è sempre maggiore il numero di quanti danno per scontato che la posizione di Gesù nei confronti della *Torà* in generale e dei singoli precetti si sia mantenuta entro il quadro degli atteggiamenti ligi verso la Legge. Secondo la ricerca odierna, non solo la sua prassi sociale, ma anche le sue affermazioni sulla *Torà* non rivelano una critica della Legge che consenta di affermare che l'abbia rifiutata. Vermes arriva a questa conclusione:

> Da nessuna parte dei Vangeli viene rappresentato un Gesù che volutamente si accinge a negare un qualche precetto della torà o la torà stessa, oppure a modificarlo nella sostanza[58].

Va ricordato che gli studiosi giudei di Gesù non hanno messo in dubbio la fedeltà di Gesù alla Torà. Già Abram Geiger, 150 anni fa, collocava Gesù a pieno titolo nel giudaismo fariseo. Anche da una prospettiva giudaista si pensa che il rapporto di Gesù con la Torà sia nella prassi giudaita. Giorgio Jossa parla addirittura di *slogan* efficace della terza ricerca:

> Gesù ebreo che ha vissuto secondo le tradizioni del suo popolo e al suo popolo si è rivolto, questo nuovo orientamento della ricerca, che nasce

---

[57] W. STEGEMANN, *Gesù e il suo tempo*, cit., pp. 319-320.
[58] G. VERMES, *La religione di Gesù l'ebreo*, cit., p. 21.

da una migliore conoscenza del giudaismo del tempo e da una valutazione più critica delle fonti cristiane, è in larga misura condivisibile. Gesù non si è posto affatto contro le tradizioni del suo popolo. Ha invece rispettato le istituzioni giudaiche del tempo, osservando la legge mosaica e frequentando il tempio di Gerusalemme. Questo significa che egli non aveva alcuna intenzione di separarsi dal suo popolo, per creare eventualmente una nuova forma religiosa[59].

Queste posizioni descritte vedono il giudaismo antico come una religione, ma come si presenta la *Torà* nella prospettiva del modello di etnicità?

Il giudaismo: religione o etnia?

È in questione un cambiamento fondamentale nell'illustrazione e concezione delle identità collettive. Nello specifico, anche nella ricerca su Gesù si è arrivati a riconoscere che la concezione ravvisabile nei discorsi del tempo di Gesù sull'identità giudaica, non trova espressione adeguata nel concetto di religione:

Non si tratta di mettere in dubbio che Gesù fosse per religione giudeo e ancor meno di negare che il giudaismo fosse una religione. Si tratta di sapere se l'identità collettiva giudaica di Gesù come quella di tutti i giudei del suo tempo sia adeguatamente intesa quando la si esprime mediante la categoria di religione[60].

---

[59] G. JOSSA, *Chi ha voluto la morte di Gesù? Il Maestro di Galilea e i suoi avversari.* Edizioni San Paolo, Milano 2011, p. 6.
[60] W. STEGEMANN, *Gesù e il suo tempo,* cit., p. 182.

Secondo Dunn:

> Il discorso dell'atteggiamento di Gesù nei confronti della torà deve uscire dal contesto cristiano-teologico e entrare in discorsi storicamente più appropriati[61].

La contestualizzazione cristiana teologica della questione della Legge mosaica del Gesù storico presuppone un modello interpretativo per il quale il giudaismo è visto come religione, e questo punto di vista non resta senza conseguenze per la posizione di Gesù rispetto alla Legge.

Gesù e la Legge

In questo modello, il rapporto con la Legge mosaica sta al centro dell'identità giudaica intesa in senso religioso. Se però per la cultura e la società del popolo d'Israele non si adotta più la prospettiva del modello di religione, ma quello di etnicità, vedremo che la *Torà* diviene solo un ambito della concezione collettiva che i giudaiti avevano di se stessi. E che il modello di etnicità della società giudaita del I secolo presuppone diversi fattori che concorrono all'identità collettiva del popolo (ascendenza, lingua; territorio, miti) e la Legge mosaica è solo uno di questi.

Al di là di tutto, Gesù in generale ha preso posizione riguardo alla Torà? Va detto che il Gesù dei Vangeli si è pronunciato su singoli precetti della Legge. In questi episodi la Legge in quanto tale, non è stata mai messa

---

[61] J. D.G. DUNN, *Gli albori del cristianesimo, I. La memoria di Gesù*. Edizioni Pideia, Milano 2003, p. 565.

in questione. Al contrario, il suo valore è presupposto da tutti. C'è una considerazione da fare. Il solo fatto di mettere in conto la possibilità del rifiuto della Legge mosaica, attribuisce a un giudaita del I sec. una presa di distanza alquanto astratta dalla cultura e dall'identità collettiva che gli sono proprie; gli assegna la parte dell'osservatore esterno e distaccato per il quale l'ordinamento centrale dell'ordine simbolico del suo popolo sarebbe qualcosa di cui disporre.

Un nuovo punto di vista: l'etnicità

A differenza di altre religioni, in particolare del Cristianesimo, si nota come il Giudaismo sia caratterizzato da un monoteismo e dall'osservanza delle istruzioni divine per il popolo d'Israele riportate nella *Torà*. Altro segno del giudaismo è che si appartiene ad esso, solo se si appartiene al *popolo* giudaico. Si può dire che nel Giudaismo l'unione dell'aspetto etnico con quello religioso viene considerato specifico. L'interpretazione del Giudaismo antico, anche ai tempi di Gesù, come religione non si discosta da un concetto di religione che si è formato in Occidente intorno agli inizi del XVII secolo. Per Stegemann

> …il suo modello è la concezione del cristianesimo come religione che si è formato in seguito alle scoperte di continenti e popoli diversi e sotto la spinta del confessionismo, la cui specificità risiede non soltanto nella

contrapposizione al giudaismo ma nel fatto di potersi a sua volta differenziare dal cristianesimo[62].

W.C. Smith ne ha spiegato le ragioni:

> Alla sua tesi fondamentale secondo cui il concetto moderno di religione – come astrazione e oggettivazione di una realtà complessa – ha assunto per la prima volta il suo profilo nel contesto illuministico dell'occidente cristiano, corrisponde l'idea contraria che né le culture extracristiane, né quelle antiche, presentano un termine equivalente o concetto analogo alla concezione moderna di religione[63].

Per Smith, quindi, fare del giudaismo una religione è anacronistico.

Religione: una separazione moderna

Problematico, nell'applicazione al giudaismo del concetto di religione, è anche il fatto che quest'ultimo sia stato costruito sulla base di una forma particolare di religione (il Cristianesimo), e che quindi è sempre del Cristianesimo che si fa il modello della religione in generale e inoltre anche il metro di altre religioni. Si aggiunga anche che molti fenomeni che noi associamo al concetto di religione, come ambito autonomo e distinto della realtà umana, nella culture mediterranee antiche non erano percepiti come separati. Più sensato è affermare che nelle culture mediterranee antiche le pratiche religiose facevano tutt'uno con altre istituzioni sociali, ossia con le due istituzioni sociali fondamentali della

---

[62] W. STEGEMANN, *Gesù e il suo tempo*, cit., p. 250.
[63] W.C. SMITH, *The Meaning and End of religion* (1962) Minneapolis 1991, p. 51.

società mediterranea: la collettività e la famiglia. Malina vede una differenza fondamentale rispetto alla concezione odierna di un qualcosa di svincolato. In altre parole, nel mondo mediterraneo un'istituzione sociale specifica col nome di religione non c'era. Questo è un punto di vista condiviso da molti studiosi, per Cartledge

> ...i greci non avevano una parola che specifica per religione, nemmeno distinguevano l'ambito del sacro dal profano o dal mondano[64].

Frammentazione e identità

In breve, nel mondo mediterraneo la religione era un aspetto dell'etnicità. Il giudaismo di quest'epoca fu contrassegnato da vari movimenti che qualcuno ha definito sette (esseni, sadducei, farisei *etc...*). C'è da dire che nonostante la frammentazione giudaica, non venne mai meno il sentimento di coappartenenza fondato sull'identità collettiva del popolo giudaita. Ciò fu possibile grazie alla forza unificante che viene da due elementi: autopercezione e autodefinizione.

Anche questi gruppi, alla luce di questo paradigma, vengono estrapolati dal concetto religioso a favore di un concetto di etnia. Stegemann, attenendosi agli indicatori etnografici dei popoli antichi analizzati da Barclay e Mosen, classifica l'etnia giudaita e arriva a uno schema della loro etnicità. Egli individua cinque punti secondo i quali il Giudaismo a ragione può classificarsi come etnia:

---

[64] P. CARTLEDGE, *Die Griechen and wir,* Stuttgart-Weimar 1998, p. 148.

1) L'etnia giudaita prende il nome da una determinata regione geografica, la Giudea. Con il ritorno dei membri della tribù di Giuda dall'esilio babilonese nella regione di Giudea, questo nome diviene la denominazione appropriata di quello che era stato il popolo d'Israele con le dodici tribù. Il termine non indica solo gli abitanti della Giudea, ma anche chi vive in Galilea e fuori Israele ma fa parte del popolo. *Ioudaios* è quindi un termine etnico che prende nome da un determinato territorio, non solo la denominazione di un territorio e della popolazione che vi vive.

2) I membri del popolo giudaita condividono il sentimento comune di ascendenza, che viene fatto risalire a Giuda figlio di Giacobbe e da questi fino ad Abramo, il patriarca di Israele.

3) I membri dell'*ethnos* dei giudaiti si sentivano legati tra loro anche da una comune e particolare storia, e da una comune e particolare sorte.

4) Il sistema delle leggi (in termini moderni l'ordinamento costituzionale) così come i singoli usi, costumi e convenzioni dei giudaiti sono nella sostanza affini a quelli di altri popoli, ma rivelano (come quelli di altri popoli) una serie di peculiarità che rientrano in particolare anche nell'ambito che noi associamo al concetto di religione.

Giuseppe Flavio definisce la forma di governo del suo popolo come teocrazia, intendendo così non solo il ruolo speciale dei sacerdoti nell'esercizio del potere sovrano, ma la sovranità di Dio e la sua vigilanza sovrana sulla storia e sul benessere degli uomini. Questa singolarità del popolo giudaita si esprime anche nell'espressione con cui esso si designa: "popolo proprietà di Dio". Nel fatto che il popolo giudaita concepisse la legislazione e l'osservanza delle leggi in rapporto immediato col suo Dio, si dovrà vedere un particolare tratto distintivo dell'identità etnico-culturale dei giudaiti.

5)   Il culto del popolo giudaita era uno dei loro particolari tratti distintivi, che dagli stranieri fu visto anche con grande astio. Meravigliava che essi avessero un unico santuario centrale (il tempio di Gerusalemme) e non compissero azioni sacrificali né in famiglia, né in luoghi di riunione (sinagoghe). Anche la venerazione dell'unico Dio senza immagini sembrava sospetta.[65] Tacito, infatti, interpreta in termini dispregiativi le pratiche di culto dei giudaiti definite come *superstitio*, ossia ammasso di pratiche cultuali scorrette, in quanto attuazione indebita di quella che i Romani chiamavano *religio*.

Stegemann fa notare che non si deve equiparare la parola *religio* a religione nel senso moderno. Qui sono in questione la venerazione cultuale scrupolosa delle divinità, le usanze tradite che vigono in ogni popolo e ogni civiltà, ma che nel caso del popolo giudaita appaiono a Cicerone quale *barbara superstitio*.

Il culto giudaita si distingue per peculiarità sue proprie, al tempo stesso bisogna considerare anche che in linea di massima le pratiche cultuali giudaite non erano diverse da quelle di altre etnie mediterranee. Culti (nazionali) specifici sono propri dell'identità collettiva delle etnie mediterranee antiche.

---

[65] W. STEGEMANN, *Gesù e il suo tempo*, pp. 266-268.

Gesù e le controversie sulla Legge

A Gesù si attribuiscono alcune affermazioni esplicite su singoli precetti della *Torà*, questioni nel complesso circoscritte. Nell'impossibilità di trattare qui tutta la varietà delle direttive di Gesù, se ne affronterà soltanto qualche aspetto.

Il sabato

Nella civiltà giudaita la festa del sabato inizia col tramonto del venerdì e termina con il tramonto di sabato. Il libro di Amos[66] fa pensare che il sabato venisse celebrato già in età preesilica. Il riposo sabbatico svolse comunque una funzione centrale per l'identità giudaita[67]. Per i non giudei, la caratteristica del sabato sta nel divieto di lavorare, in verità il riposo dal lavoro non è il culto ma è la condizione per il culto, lo studio della *Torà* e soprattutto per godere del sabato come dono di Dio.

In questo periodo si può parlare con certezza di pratica del riposo sabbatico, a prevedere una mancata osservanza di tale precetto sono soltanto situazioni in cui per i più diversi motivi non ci si può attenere alla condotta prevista. Stegemann fa notare che, allargando un po' l'orizzonte e contestualizzando gli eventi, già con i Maccabei[68], durante la crisi della persecuzione seleucida e della liberazione maccabaica, si

---

[66] *Cfr. Amos* 8,5.
[67] *Cfr. Ez. 20,12.*
[68] *Cfr. Mac.* 2,31-41.

stabilì che il precetto del sabato veniva sospeso in presenza di pericolo di morte.

Il sabato, un comandamento per la vita

Il sabato non deve causare la rovina dell'uomo, resta da discutere però se vi debba essere pericolo di morte o estrema necessità per soppiantare il riposo sabbatico, il presupposto della diatriba riportata in Matteo[69] è senz'altro questo. Se si osservano attentamente i casi discussi dai rabbi, è ovvio concludere che in caso di dubbio è consentito di sabato tutto ciò che è utile alla salute e alla salvaguardia dell'uomo, e questo già prima di Gesù. Se prendiamo il Vangelo, tranne che per l'episodio in cui i discepoli raccolgono le spighe di sabato (*Mc. 2,23-28*), tutti gli altri passi evangelici che hanno al centro il riposo sabbatico sollevano il problema delle guarigioni di Gesù in giorno di sabato[70].

Questa centralità, per Stegemann, dimostra che qui non è in questione l'osservanza o meno del terzo comandamento quanto soprattutto la figura di Gesù e del suo gruppo. Commentando l'episodio dei discepoli che raccolgono spighe di sabato *(Mc. 2,23-28)*, lo studioso sostiene la liceità dell'azione secondo la Legge mosaica: ‹‹se entri nel campo di grano del tuo vicino, puoi strappare le spighe con la mano ma non devi entrare con la falce››[71].

---

[69] *Cfr. Mt* 12,11.
[70] *Mc.* 3,1-6 par.*; Lc.* 13,10-17; 14,1-6*; cf Gv.*5,1-18*; Gv.*9.
[71] *Deut.* 23,26.

Questo, oltre a dirci che la *Torà* disciplina anche la "proprietà privata" in funzione dell'identità collettiva, ci dice anche che se compiuto di sabato potrebbe apparire come mietitura e quindi lavoro. Infatti, dalla lettura del Vangelo, sembrava questo il presupposto dei farisei. Nella sua risposta Gesù giustifica la loro condotta come "situazione di emergenza" e al riguardo si rifà a David e ai suoi compagni che trovandosi anch'essi in situazione di necessità avevano fatto *"cosa proibita"*. Visto così, secondo Stegemann, il principio di Gesù è ben incluso nella mentalità giudaita dai Maccabei in poi, cioè che "il pericolo di morte soppianta il riposo sabbatico". Anche il passo successivo ("il sabato è stato fatto per l'uomo e non l'uomo per il sabato"[72]) si colloca nella tradizione interpretativa di cui si è detto.

La medesima interpretazione si applica all'episodio di Gesù che guarisce di sabato la mano inaridita con la sola parola *(Mc. 3,1-6)*. Qui ora ovviamente non se ne fa un'indagine medica, ma si analizza il contesto. In realtà Gesù non compie nessun atto lavorativo di sabato ma attualizza la priorità dell'uomo dettata dalla tradizione e quindi dalla Legge ebraica. In questo contesto Gesù si comporta da *"ebreo"*, magari come dice Meier *"un ebreo marginale"* che radicalizza la Legge, ma non la sovrasta. In conclusione, quale che sia il punto di vista, Stegemann conclude che non si può accusare Gesù di aver infranto il riposo sabbatico. Su questo argomento è da rilevare il modello di Joseph Ratzinger che tocca in modo tangenziale il discorso etnico di Stegemann:

---

[72] *Mc. 2,27.*

Il sabato non è solo una questione che riguarda la religiosità dell'individuo, è il cuore di un ordine sociale che rende l'Israele Eterno ciò che è: il popolo che, come Dio nella creazione del mondo, il settimo giorno riposa dalla creazione[73].

Un problema di autorità

Per Ratzinger l'interpretazione corrente tende a pensare che Gesù abbia scardinato una prassi legalistica restrittiva, introducendo al suo posto una visione più generosa e liberale, che apre una porta a un agire ragionevole, commisurato ad ogni situazione. Ne è prova l'affermazione secondo cui il "sabato è stato fatto per l'uomo e non l'uomo per il sabato"[74], che rivela una visione antropocentrica dell'intera realtà, dalla quale risulterebbe evidente un'interpretazione liberale dei comandamenti[75]. Inoltre, Ratzinger concorda con un'interessante posizione di Jacob Neusner, ebreo osservante e rabbino, sulla questione centrale del conflitto. Per Neusner

> Gesù difende il modo con cui i discepoli calmano la fame, facendo dapprima riferimento a Davide che, con i suoi compagni, nella casa di Dio, mangiò i pani dell'offerta, che non era lecito mangiare né a lui né ai suoi compagni, ma solo ai sacerdoti. Poi continua: o non avete letto nella Legge che nei giorni di sabato i sacerdoti nel tempio infrangono il sabato e tuttavia sono senza colpa? Ora io vi dico che qui c'è qualcosa più grande del tempio. Se avete compreso cosa significa: "Misericordia

---

[73] J. RATZINGER, *Gesù di Nazareth. Dal Battesimo alla Trasfigurazione*, cit., p. 135.
[74] *Mc.* 2,27.
[75] *Ivi*, p. 132.

io voglio non sacrificio" (cfr. *6,6;1 Sam 15,22)* non avreste condannato persone senza colpa. Perché il Figlio dell'uomo è signore del sabato (Mt 12,4-5).

Pertanto

> ...egli e i suoi discepoli possono fare di sabato ciò che fanno, perché hanno preso il posto dei sacerdoti nel tempio: il luogo sacro si è spostato; esso consiste ora nel gruppo formato dal maestro con i suoi discepoli[76].

Come Stegemann, anche Ratzinger e Neusner concordano sul fatto che il nocciolo della questione non sia l'osservanza o meno del precetto sabbatico, ma il comportamento di Gesù. Poiché se Gesù rimane nell'ambito della Legge (es. David) e non si scosta totalmente, perché avrebbe dovuto creare questa diatriba il suo comportamento sul sabato? Come notato da Neusner, ‹‹in discussione è la rivendicazione di autorità da parte di Gesù››[77]. La questione è l'autorità; un'autorità che al di là della sua natura, qualunque essa sia, sicuramente entra in collisione con le autorità che facevano parte della casta elitaria del tempo.

Come abbiamo detto, oggetto di questo capitolo non è l'autorità con la quale Gesù si muoveva nei confronti della Legge, ma se vi fosse continuità o meno tra la Legge e l'insegnamento di Gesù. Oltre ai modelli precedentemente esaminati è interessante la riflessione di Ratzinger:

---

[76] J. NEUSNER, *Disputa immaginaria tra un rabbino e Gesù. Quale maestro seguire?*, Piemme, Casale Monferrato 1996, p. 68.
[77] *Ivi*, p. 71.

Gesù non vuole abolire le finalità del sabato secondo la creazione. Il giusto intreccio di Antico e Nuovo Testamento era ed è un elemento costitutivo per la Chiesa: proprio i discorsi del Risorto sottolineano che Gesù può essere compreso solo nel contesto di Legge e Profeti e che la sua comunità può vivere solo in questo contesto inteso in modo giusto. Tuttavia sarebbe sbagliato qualificare simili tendenze come una giudaizzazione del cristianesimo, poiché Israele pone la sua obbedienza ai concreti ordinamenti sociali della torà in riferimento alla comunità genealogica dell'Israele Eterno. In sintesi, alla cristianità farebbe bene guardare con rispetto a questa obbedienza di Israele e così cogliere meglio i grandi imperativi del Decalogo[78].

Amore per il prossimo e amore per il nemico

È convinzione incoercibile della teologia, dell'esegesi e della ricerca su Gesù che il comandamento dell'amore del prossimo stia al centro dell'etica di Gesù e rappresenti il principio ermeneutico della sua interpretazione della *Torà*. La concezione giudaica dell'amore del prossimo sarebbe stata "limitata" ai soli appartenenti alla propria «nazione», ma Gesù nell'amore per il nemico e nell'apertura allo straniero nella parabola del samaritano avrebbe anche esteso la concezione giudaica dell'amore e l'avrebbe "superata". Secondo Stegemann questa presunta "antitesi" non convince. La base letteraria, se la si legge nel suo contesto, è visibilmente la conseguenza positiva

---

[78] J. RATZINGER, Gesù di Nazareth. Dal Battesimo alla Trasfigurazione, cit., pp. 149-150.

dell'esortazione ad astenersi da comportamenti ostili nei confronti del proprio popolo:

Non odiare tuo fratello nel tuo cuore! Rimprovera chiaro e tondo il tuo connazionale! E non caricarti di una mancanza a causa sua! Non fare vendetta! E non serbare rancore ai figli del tuo popolo! E ama il tuo prossimo come te stesso! Io sono Jhwh[79].

Crusemann fa notare che nel contesto antropologico e sociologico giudaita, ‹‹amore›› significa una forma di reciproca lealtà: ‹‹significa fare al prossimo ogni bene possibile, come lo si fa a se stessi››.[80] Per Crusemann ‹‹è una forma di lealtà intesa come reciprocità››.[81] Termini come allargamento, inasprimento, assenza di analogie nell'interpretazione dell'amore per il prossimo attribuita a Gesù, ignorano la base di partenza biblica:

In poche parole, l'esortazione di amare il proprio nemico aggiunge al comandamento della Torà di amare il prossimo, soltanto la parola esplicita "nemico", non la cosa in sé[82].

Amare il proprio nemico?

Trattiamo ora la versione lucana, che rispecchia più chiaramente la collocazione naturale di queste esigenze etiche nell'ambito dell'antico codice di valori della reciprocità.

---

[79] *Lev.* 19,17-18.
[80] F. CRUSEMANN, *La torà. Teologia e storia sociale della legge dell'Antico Testamento*, Paideia, Brescia 2008, p. 377.
[81] *Ibidem*.
[82] W. STEGEMANN, *Gesù e il suo tempo*, cit., p. 340.

Ma a voi che ascoltate dico: Amate i vostri nemici! Fate del bene a coloro che vi odiano! Benedite coloro che vi maledicono! Pregate per coloro che vi insultano! A chi ti colpisce su una guancia porgi anche l'altra, e a chi ti toglie il mantello non rifiutare la tunica. Dà a chiunque ti chieda, e a chi prende del tuo non richiederlo. Ciò che volete che gli uomini facciano a voi, fatelo voi a loro. Se amate quelli che vi amano, che merito ne avete? Anche i peccatori amano chi li ama. E se fate del bene a coloro che vi fanno del bene, che merito ne avete anche i peccatori fanno lo stesso. E se prestate a coloro di cui sperate di ricevere, che merito ne avete? Anche i peccatori prestano per ricevere altrettanto. Amate invece i vostri nemici e fate del bene e prestate senza sperare il contraccambio. Allora il vostro premio sarà grande e sarete figli dell'altissimo, perché egli è benevolo con gli ingrati e coi malvagi. Siate misericordiosi, come misericordioso è il Padre vostro![83]

Nel *Disagio della civiltà*, Sigmund Freud definisce il comandamento dell'amore del prossimo come "esigenza ideale delle società della nostra civiltà". La critica di Freud all'amore per il prossimo denuncia che questa esigerebbe che si ami un estraneo al pari (di sentimenti) con cui si ama una moglie, genitori o fratelli. Addirittura poi questo stesso amore lo si dovrebbe riversare ai nemici. È evidente che Freud interpreti il concetto di amore sulla base delle esperienze europee del XIX- XX secolo. Per Stegemann questo presupposto misconosce l'orizzonte biblico. Secondo lo studioso

...nella Bibbia «amore» (*agapan*) può significare un legame o un rapporto emotivo, ma centrale in esso è una semantica sociale che al

---

[83] *Lc.* 6, 27-36.

concetto di amore/amare (*agapan/agapé*) associa relazioni sociali tra singoli e gruppi[84].

Malina ci illustra la diversità della visione moderna con la visione biblica in questi termini:

> Parlando in termini generali, nella cultura occidentale l'amore è un affetto del cuore che normalmente viene vissuto come esperienza individuale nel rapporto con un altro individuo o con altri individui. Non necessariamente comporta un legame. Per l'universo di valori mediterraneo, al contrario, l'amore è un valore che ha per contenuto la coesione di un gruppo e il suo vincolo. Può associarsi o meno a sentimenti e affetti. Questo genere di vincolo e coesione di un gruppo è una sorta di collante *(glue)* sociale che tiene insieme il gruppo[85].

I termini greci *agapan* e *agapé*, designano legami sociali, viceversa il verbo odiare (*misein*) significa la rottura del vincolo tra famiglie; così è anche in Luca: ‹‹Se uno viene a me e non odia (*misein*) suo padre e sua madre e la moglie e i figli e i fratelli e le sorelle e anche la sua vita, non può essere mio discepolo››[86].

Il vincolo della sequela è lo scioglimento del vincolo con la famiglia. L'amore per il prossimo quindi si riferisce a pratiche sociali, si tratta di reciprocità, questo è lo sfondo sociale dell'amore per il prossimo e del nemico. La reciprocità è una forma di solidarietà vicendevole; si basa su un *quid pro quo* e non è finalizzata al guadagno, equivarrebbe al:

---

[84] *Ivi*, p. 342.
[85] J.J. PILCH- B.J. MALINA, (ed.) *Handbook of Biblical Social Values*, Peabody 1993 pp.110-113.
[86] *Lc. 14,26.*

«Pregate e vi sarà dato…perché con la misura con cui misurerete vi sarà misurato»[87].

Il buon Samaritano

Ma se, come afferma Stegemann, nella pericope dell'amore per il prossimo è già presente il concetto di nemico, un nemico incluso nella "cerchia" giudaita, come si spiega l'amore per il prossimo applicato allo straniero nella parabola del samaritano? Il racconto del buon samaritano viene spesso interpretato come *proprium christianum* e come qualcosa che è di più dell'amore giudaico del prossimo, questo oltrepassamento viene esplicitato come universalizzazione.

Ed ecco, un dottore della torà si alzò e lo mise alla prova e disse: Maestro, che cosa devo fare per ereditare la vita eterna? Ed egli gli disse: Che cosa sta scritto nella torà? Che cosa vi leggi? Ed egli rispose: Ama il Signore Dio tuo con tutto il tuo cuore e con tutta la tua anima e con tutta la tua forza e con tutta la tua mente e il prossimo tuo come te stesso. Ed egli disse: Hai risposto bene; fa questo e vivrai. E quello poiché voleva giustificarsi disse a Gesù: E chi è il mio prossimo? Gesù allora iniziò e disse: Un uomo scendeva da Gerusalemme a Gerico e incappò in briganti che lo spogliarono e lo percossero se ne andarono e lo lasciarono mezzo morto. Per caso un sacerdote scendeva per quella strada e quando lo vide passò accanto dalla parte opposta. Anche un levita sopraggiunse in quel luogo e quando lo vide passò accanto dalla parte opposta. Ma un samaritano in viaggio s'imbatté in quello e come

---

[87] *Lc.* 6,38.

lo vide provò compassione; e gli si fece vicino, gli fasciò le ferite e versò sopra olio e vino; e lo mise sulla sua bestia da soma e lo portò a una locanda e si prese cura di lui. E il giorno dopo estrasse due denari, li diede all'albergatore e disse: Abbi cura di lui! E ciò che spenderai in più te lo rifonderò al mio ritorno. Chi di questi tre ti sembra sia stato il prossimo di colui che era finito sotto i briganti? E quegli disse: Chi gli ha mostrato misericordia (eleos). Gesù gli disse: Va' e fa anche tu lo stesso[88].

Il samaritano è in cammino attraverso la Giudea. Per i canoni etici della cultura della società del tempo di cui si è detto, egli *può* aiutare chi sia caduto in mano ai briganti ma *non vi è tenuto*. Ci troviamo in Giudea e Gesù vuole rimarcare che la vittima è un giudaita. Per le ragioni di reciprocità, si sarebbe dovuti attendere che gli prestassero soccorso i due giudaiti che l'hanno visto, ma se così fosse stato la storia non avrebbe avuto nulla di "stravagante". Se poi il terzo personaggio non fosse stato né un levita, né un sacerdote e nemmeno un samaritano ma un israelita, l'attenzione sarebbe andata alla "laicità" dell'intervento a scapito della "ecclesialità". Invece è uno straniero, un samaritano, uno straniero di un altro popolo con cui i giudaiti sono in cattivi rapporti. La storia vuole proprio così, perché l'attenzione vada alla condotta del samaritano. Questi presta soccorso; lo vede mezzo morto e mezzo nudo, quest'immagine, come diremmo, gli rivolta le viscere, gli tocca il cuore: nella cultura mediterranea il cuore era sede dell'intelletto, delle riflessioni razionali e della memoria. Nelle viscere venivano avvertite le emozioni, in questo caso la compassione.

---

[88] *Lc.10,25-37.*

Ma è solo la compassione (*eleos*) il motivo del comportamento soccorrevole del samaritano? No... Stegemann ci informa che a dire di Giuseppe Flavio la condotta del samaritano rientra nella solidarietà umana più ovvia che il legislatore ha ordinato al popolo dei giudaiti *(Ap.2,211s.)*: Devono soccorrere tutti gli uomini con fuoco, acqua e cibo, se ne hanno bisogno, indicare loro la via e non lasciarli insepolti, trattare con moderazione i nemici, ad esempio non mettere a fuoco il paese del nemico, non abbattere i suoi alberi da frutta, non ferire i prigionieri o abusare delle loro donne. Il samaritano presta aiuto perché risponde all'appello che proviene dall'uomo denudato, deturpato, privato della sua dignità e se ne sente responsabile. Inoltre, nel Levitico[89], l'amore per il prossimo viene esteso allo straniero, il comandamento veterotestamentario è già un comandamento di amore per il nemico e include gli stranieri. A detta di Stegemann:

> Il racconto biblico non descrive un comportamento che esprime un'etica di nuovo tipo. Di nuovo c'è soltanto che la solidarietà umana elementare illustrata da questo esempio viene associata al comandamento dell'amore del prossimo[90].

---

[89] *Lev.* 19,33.
[90] J.J. PILCH- B.J. MALINA, (ed.) *Handbook of Biblical Social Values*, Peabody 1993 p. 347.

CAPITOLO TERZO

GESÙ PROCLAMA IL REGNO DI DIO: MA QUALE?

Il contesto storico

Un messia atteso da secoli

Alla figura particolare di Gesù è da sempre associata la nozione di Regno di Dio. Quest'idea non era una novità ai tempi di Gesù, bensì un tema costante e molto diffuso, specie in periodi di crisi del popolo giudaita[91]. Le più antiche manifestazioni dell'attesa messianica, contenute nelle profezie di Isaia, Michea (VIII sec. a.C.) e Geremia (VII sec. a. C.) riguardano un futuro radioso, ancorché indeterminato, in termini umani e storici, garantito da un re-messia della stirpe di David che avrebbe affrancato Israele dai pericoli esterni e assicurato giustizia e benessere. Messia significa appunto unto; l'unzione era l'elemento costitutivo della regalità, secondo quanto Dio stesso aveva indicato a Samuele in occasione della consacrazione di Saul.

Questo tipo di aspettativa, pur assumendo aspetti diversi, restò vivo per molto tempo. Ad esempio, dalla fine del VI sec. fino al V sec. a.C. venne progressivamente meno il riferimento alla stirpe di Davide e in qualche caso persino l'immagine del Messia come re. Come ci informa Firpo «Dio garantiva un futuro felice attraverso un'osservanza scrupolosa

---

[91] W. STEGEMANN, *Gesù e il suo tempo*, cit., p. 349.

della sua legge, senza intermediari particolari»[92]. A partire dal IV sec. a.C. inquietudini e fermenti di innovazione cominciarono però a incrinare certezze dottrinali e spirituali mai poste in discussione sino ad allora. Sorsero dubbi e interrogativi sconosciuti quali la domanda di Giobbe (prima metà del IV sec. a. C.): «perché il giusto soffre e il malvagio gioisce?»; e, come la definisce Firpo, la «raffinata meditazione di Qoelet (libro delle Ecclesiastiche, seconda metà del III sec. a. C) sull'incomprensibilità dei disegni divini»[93]. La produzione letteraria ispirata alla riflessione apocalittica coprì un arco di tempo assai lungo, dal IV sec. a. C. alla prima metà del II sec. Secondo Firpo

...uno dei cardini di questa visione apocalittica era rappresentata dalla divisione della storia in due parti distinte non solo cronologicamente, ma anche qualitativamente, un tempo presente e finito, caratterizzato dal prevalere del male e delle tenebre, e un tempo futuro ed eterno, quello del regno di Dio, del dominio del bene e della luce[94].

La dimensione escatologica

Il passaggio dalla prima alla seconda fase della storia, considerato imminente, sarebbe stato preceduto da un periodo di dolore e tribolazione culminato in uno scontro di dimensioni cosmiche, tanto da coinvolgere cielo e terra, e avrebbe avuto come esito sicuro la vittoria delle forze del bene su quelle del male. La collocazione di questi drammatici eventi alla fine del tempo presente rappresenta la

---

[92] G. FIRPO, *Le rivolte giudaiche*, Edizioni Laterza, Roma Bari 1999, p. 18.
[93] *Ivi*, p. 19.
[94] *Ibidem*.

connotazione escatologica (dal greco *eschaton* che significa "ultimo", "finale") delle concezioni apocalittiche. La cospicua fioritura di testi apocalittici si ebbe con Antioco IV. Data la grave crisi esplosa in giudea col suo avvento, questa andò di pari passo con una forte rivitalizzazione dell'attesa messianica che assunse a detta di Firpo: ‹‹aspetti inediti››[95].

Molti ritennero che la situazione fosse oramai fuori controllo, e che le possibilità di salvezza risiedessero in un intervento urgente di Dio, direttamente o attraverso un personaggio dotato di particolari carismi e, in certi casi, di origine superumana. Questa aspettativa trovò espressione in forme diverse, in ogni caso l'intervento di Dio e/o del messia da Lui inviato veniva posto alla fine del tempo presente, connotato dalla prevalenza del male, e sarebbe stato seguito dall'abbattimento dell'idolatria e del trionfo della giustizia, sulla terra e in cielo. La più antica applicazione storiografica di questa concezione è nel *Libro di Daniele*, composto da sezioni narrative redatte in tempi diversi.

Nel secondo capitolo si narra come il re babilonese Nabucodonosor avesse sognato una statua composta da quattro metalli: la testa d'oro, il petto e le braccia d'argento, il ventre di bronzo, le gambe e i piedi di ferro e creta misti. La consistenza di quest'ultima mistura era assai precaria, sì che un sasso rotolato giù da un monte, li aveva distrutti, facendo crollare tutta la statua. I sapienti di Babilonia non erano riusciti a decifrarne il messaggio, ma vi riuscì Daniele, ebreo deportato, che per ispirazione divina spiegò che le quattro parti del corpo e i rispettivi metalli corrispondevano ad altrettanti regni o imperi. Il primo era quello

---

[95] G. FIRPO, *Le rivolte giudaiche*, cit., p. 20.

di Nabucodonosor, ad esso sarebbero succeduti altri tre, l'ultimo di questi sarebbe stato infine abbattuto da un quinto, il regno messianico, rappresentato dal sasso caduto dal monte. Questo capitolo fu redatto intorno alla metà del III sec. a.C. durante la tranquilla dominazione tolemaica. Il pericolo dei regni ellenistici è sì ben individuato ma, non essendovi una tensione particolare, non è avvertito come avvento incombente il quinto salvifico impero. I capitoli sette e otto di Daniele, furono invece composti immediatamente dopo la purificazione del tempio da parte di Giuda il Maccabeo avvenuta nel 164 a.C. Questi capitoli riflettono la drammaticità degli eventi che l'avevano preceduto e la forte tensione emotiva che li aveva accompagnati. La riconsacrazione del Tempio segnava l'inizio della disfatta degli imperi pagani, raffigurata ora da quattro bestie feroci, l'ultimo dei quali è quello seleucide e l'inaugurazione del regno di Dio sulla terra.

Una nuova speranza

In questo contesto storico così convulso, si situa la crisi nella quale risorse una speranza messianica. Una prospettiva non più legata come in passato alla speranza di un futuro migliore per la nazione, prospera e rispettata dai popoli pagani, costretti a riconoscere Israele e il suo Dio, e guidata da un re saggio e forte della casa di Davide. Invece, come afferma Di Palma:

> La prospettiva messianica di questo periodo, che si prolunga dal punto di vista temporale verso un orizzonte indefinito, aveva piuttosto dei connotati universalistici perché il regno che viene sognato avrebbe

coinvolto tutti i popoli della terra e il messia sarebbe diventato il sovrano e il giudice del mondo, in relazione alle dimensioni sempre più mondiali degli imperi in cui Israele era inserito. Questa speranza avrebbe avuto non solo risvolti universali, ma anche ricadute per il destino individuale, l'interesse per il quale si era sempre più sviluppato, facendo nascere anche l'idea della risurrezione personale ed eterna e questo preparava a una sorta di slittamento della speranza messianica nella dimensione trascendente e soprannaturale con il fallimento del messianismo politico nelle due guerre giudaiche[96].

Una parte non irrilevante di questo messianismo politico, aveva anche a che fare con rivendicazioni popolari e di aspirazioni dei ceti contadini che volevano liberarsi da una fiscalità oppressiva dei dominatori stranieri. Si trattava di un confuso sentimento desideroso di vedere realizzate delle aspettative che possono in senso lato essere definite appunto messianiche, su questo punto spiega bene il concetto Sacchi:

Il messianismo è una categoria del pensiero ebraico costruita su due elementi: il primo è costituito dall'avvento, in un tempo futuro imprecisabile, di un mondo felice; il secondo elemento, strettamente collegato al primo, è il convincimento che questo mondo felice del futuro non sarà opera di forze solamente umane, ma anche di un mediatore, dotato da Dio di particolari carismi. Chiameremo messia la figura di ogni mediatore di salvezza, qualunque sia la sua natura[97].

[96] G. DI PALMA, *Sei tu il Cristo? Tra Gesuologia e Messianicità*, Herder Miscellanea Francescana, Roma 2005, p. 31.
[97] P. SACCHI, *L'apocalittica giudaica e la sua storia,* San Paolo, Brescia 1990, p. 199.

Un evento inaspettato: Pompeo nel Sancta Sanctorum

Poi, nel 64 a.C., qualcosa d'incredibile avviene. Nel corso dell'ultima fase della terza guerra mitridatica contro Roma, Pompeo invase la Siria ponendo fine alla monarchia dei Seleucidi e trasformando la regione in provincia romana. Egli era così giunto ai confini settentrionali del regno di Giudea, ove era in corso la lotta per la successione della regina Alessandra (morta nel 67 a.C.) tra i figli Aristobulo e Ircano. Essi, per dirimere la questione, si appellarono a Pompeo che si pronunciò a favore di Ircano. A seguito della reazione negativa di Aristobulo, Pompeo entrò in Giudea con l'esercito e si diresse verso Gerusalemme, occupandola e costringendo Aristobulo e i suoi seguaci ad asserragliarsi nel Tempio. Infine i romani irruppero nel santuario facendo strage di nemici:

> A commento di questo tragico evento Giuseppe Flavio afferma che l'invasione di Pompeo rappresenta per la Giudea la fine della libertà e l'inizio della sudditanza. I venticinque anni successivi furono umilianti. Non viene incorporata nello stato romano, Pompeo la rese tributaria; inoltre non concesse il titolo regio a Ircano, riservandogli oltre il sommo sacerdozio un potere politico-amministrativo limitato che lo rendeva il principale responsabile della sicurezza interna e dell'acquiescenza verso Roma[98].

Il giorno dopo la conquista del tempio di Gerusalemme, Pompeo ordinò di purificarlo e di riprendere i sacrifici come da tradizione: a differenza di Antioco IV, Pompeo non si sovrappose alle tradizioni giudaite. Tuttavia, il generale romano compì un atto dalle conseguenze

---

[98] G. FIRPO, *Le rivolte giudaiche*, p. 26.

imprevedibili. Spinto dalla curiosità, entrò nel Tempio, dove per antica prescrizione a nessun pagano era consentito entrare. Ammirò tutti gli arredi e il tesoro che ammontava a circa 2000 talenti, entrò perfino nel *Sancta Sanctorum* dove solo il sommo sacerdote poteva entrare una volta l'anno, e in occasione di particolari occasioni liturgiche. Questo sacrilegio fece riconoscere in Roma il quarto impero danielino, e in Pompeo il nuovo Antioco IV[99]. In modo drammatico e improvviso, Roma non mostrò più il volto amico e l'interpretazione danielina fornì l'attesa risposta agli interrogativi che erano rimasti in sospeso, quando si era capito che esso non poteva corrispondere al regno dei Seleucidi.

Qualche tempo dopo, nel 54 a.C., Crasso, l'altro triumviro insieme a Pompeo e Cesare, preparandosi verso la Mesopotamia, che avrebbe portato al disastro di Canne, si autofinanziò depredando il Tempio degli arredi sacri e dell'oro. Questo gesto, seppur più grave di quello di Pompeo, destò meno scalpore perché fu interpretato come logica conseguenza del primo sacrilegio. Da qui in poi sorse un'intensa attività letteraria antiromana. Le opinioni divergevano sul come si sarebbe avverato il riscatto. L'autore di una raccolta che va sotto il nome di *Salmi di Salomone* (metà del I sec. a. C.) torna, dopo molto tempo, a invocare l'avvento di un re-messia della stirpe di David, capace di liberare Israele dai pericoli esterni e dai nemici interni dei pii e dei giusti, e di restituirgli la potenza.

Maggiormente caratterizzata da tensione e urgenza apocalittica è la produzione letteraria essena riferibile al periodo successivo la conquista

---

[99] *Ivi*, p. 27.

romana. Nel *Rotolo di guerra*, la descrizione della guerra escatologica, considerata imminente, fra Dio, gli angeli e i figli della luce da una parte, Belial, i demoni e i figli delle tenebre dall'altra, raggiunge i più alti livelli di tensione e esaltazione:

> Le certezze apocalittiche di questa natura, unite all'attesa sempre più viva di un capo messianico guerriero, ebbero indubbiamente gran parte nella resistenza antiromana e nelle ricorrenti tragedie che la caratterizzarono: in effetti, furono in molti a presentarsi o a lasciarsi accreditare come precursori o addirittura iniziatori dello scontro escatologico con l'impero romano[100].

Fu in questo contesto che fece la sua comparsa nella storia Gesù di Nazareth per proclamare il Regno di Dio.

Il Regno di Dio, la storia delle interpretazioni

Per molti studiosi, il Regno di Dio rappresenta il centro dell'attività del Gesù storico e proprio per questo è diventato il tema più trattato della ricerca storica. Stegemann afferma che

> ...la storia del discorso specialistico sulla predicazione di Gesù del regno di Dio rivela una varietà e dovizia di possibilità interpretative che può anche servire a metterci in guardia dal cedere all'illusione storicistica secondo cui è sufficiente il rigoroso rispetto di un metodo perché il ricercatore agguerrito possa motivare una determinata

---

[100] *Ivi*, p. 29.

interpretazione dei testi pertinenti come rappresentazione oggettiva e definitiva della posizione del Gesù storico[101].

I Vangeli forniscono ciascuno un'interpretazione indipendente della predicazione e della manifestazione della sovranità di Dio ad opera di Gesù. D'altro canto tutti i dati, come mostra il discorso specialistico sul "problema" Gesù storico, richiedono sempre di essere interpretati. Anche la convinzione condivisa della centralità del regno di Dio nell'attività gesuana è un'ipotesi di cui non mancano ragioni contrarie. La questione che ci interessa però non è se il regno di Dio fosse o meno il centro dell'attività gesuana, ma cosa intendesse Gesù parlando del regno di Dio: è presente o futuro, è escatologico o no, deve ancora venire o già si è realizzato?

Basileia tou theou, il Regno di Dio sulla Terra

Nei Vangeli s'incontra *basileia tou theou*, soltanto Matteo parla di *basileia tou ouranon*, ossia "sovranità regale del cielo". Stegemann ci fa giustamente notare che Gesù non ha usato né l'uno né l'altro sintagma, bensì la formula aramaica *malkutà* che in ebraico è invece *malkut*. Secondo Stegemann

> …sia in aramaico che in ebraico il termine *malkut* riferito a Dio è una di quelle formazioni astratte in uso mediante le quali si suppliva alle espressioni verbali riguardanti Dio impiegati nell'Antico Testamento[102].

---

[101] W. STEGEMANN, *Gesù e il suo tempo*, cit., p. 350.
[102] *Ivi*, p. 366.

Per Marklein, in concreto, *malak jhwh* vuol dire "Dio è re" e aggiunge:

Il sintagma non può mai designare il regno di Dio inteso come la sfera in cui si esercita la potenza divina, bensì il fatto che Dio è re, ossia la sua religiosità. Da qui si deve partire anche per stabilire il valore che il sintagma assume sulle labbra di Gesù. Quello della *malkut* di Dio è un concetto non spaziale né statico, ma dinamico, ossia è la signoria regale di Dio *in actu*, e questa potrebbe essere la ragione per cui Gesù ne ha fatto il tema centrale del suo annuncio escatologico[103].

Kuhn osserva anche che

...usato in senso assoluto *malkut* nel linguaggio rabbinico designa sempre il regno mondano per eccellenza, ossia l'impero di Roma, non tanto come istituzione quanto come la sovranità romana vista da chi è ad essa soggetto[104].

Più di un semplice impero

Questo è in generale anche l'uso linguistico biblico dove spesso il contesto del termine *basileia* fa pensare all'aspetto dinamico del potere che non può essere reso adeguatamente con gli equivalenti "impero" o "regno" di senso statico.[105] Stegemann ricorda anche che «ciò tuttavia non esclude del tutto l'idea di un'area geografica nella quale la sovranità viene esercitata e che solo il contesto può decidere la sfumatura

---

[103] H. MERKLEIN, *La signorìa di Dio nell'annuncio di Gesù*, Paideia, Brescia 1994, p. 37.
[104] K.G. KUHN, *GLNT vol. II*, Stoccarda, 1938, pp.152-161.
[105] Cf. *Lc.19,12.15; Apoc. 17,12.17s.; Mc. 11,10; I cron.11,10; 14,2; I Re 9,5; 11,31.*

semantica»[106]. Particolarmente chiara è questa dipendenza dell'interpretazione di *basileia* dal contesto in un passo del primo libro dei Maccabei, in cui si parla della suddivisione del potere sovrano/*basileia* di Alessandro Magno, da cui consegue anche una ripartizione del territorio soggetto a sovranità:

> Chiamò tutti i suoi servi supremi che erano cresciuti con lui e ripartì il suo impero (basileia) tra loro mentre ancora era vivo, Alessandro aveva regnato dodici anni quando morì. I suoi servi supremi assunsero il potere (*epekratesan*), ciascuno nel suo territorio (*topos*). Dopo la sua morte tutti cinsero la corona regia (diadema); similmente la tennero a lungo i loro discendenti. Portarono grande sventura sulla terra[107]...

Per l'aspetto territoriale della semantica di *basileia* nel Nuovo Testamento, Stegemann prende in considerazione i seguenti testi: *Mt* 4,8 e *Lc*.4,5 o *Mt.* 12,25; *Mc.* 3,24 o *Mt.* 24,7. In particolare analizza *Lc*.4,5-6, poiché in questo passo risulta che *basileia* designa un'entità empiricamente visibile, ma dall'altro mostra come nello stesso contesto sia importante anche l'aspetto dinamico della sovranità.

> Ed egli (il diavolo) lo (Gesù) condusse su un alto monte e gli mostrò in un istante tutti i regni (*basileai*) della terra (*oikumene*). E il diavolo gli disse: Ti darò tutta questo potere e la sua gloria (*doxa*); perché mi è stata consegnata e la do a chi voglio[108].

Per Stegemann

---

[106] W. STEGEMANN, *Gesù e il suo tempo*, cit., p. 366.
[107] *I Macc.* 1,1-9.
[108] *Lc.* 4,5-6.

...il contesto lascia intendere che ciò che Gesù vede potrebbe essere il potere e la gloria di questi regni/*basileiai*, quindi certi segni visibili di manifestazioni di potenza. In poche parole, anche in questo testo la parola indica presumibilmente non soltanto un territorio geografico spaziale ma anche i simboli dell'esercizio e della manifestazione del potere[109].

Basileia come sovranità divina

Ciò di cui soprattutto è convinto lo studioso è che nel sintagma *basileia tou theou* in primo piano stia l'aspetto dinamico della sovranità, e ciò dovrebbe risultare anche dalla traduzione, benché riconosca che i due termini con cui la si traduce, tanto regno quanto sovranità, rendono solo aspetti della semantica originaria e considerati in sé non sono degli equivalenti semanticamente sufficienti ed esaustivi. Stegemann preferisce la resa di *basileia* con "sovranità" anziché "regno":

> Leggo il genitivo *tou theou (ton ouranon)* dipendente da *basileia* come genitivo qualificativo che specifica questa sovranità come divina, col che comunque non si fa un'affermazione teocentrica nel senso, ad esempio, che a Gesù interessi unicamente Dio e simili[110].

Anche Hoffmann-Siebenthal afferma: ‹‹sono dell'avviso che il genitivo dice una proprietà del nome che lo regge››.[111] Precisa ancora Stegemann

---

[109] *Ivi*, p. 368.
[110] *Ibidem*.
[111] E. G. HOFFMANN-H. SIEBENTHAL, *Griechische Grammatik zum Neuen Testament*, Riehen 1985, p. 234.

che «‹il concetto di sovranità divina è antitetico a sovranità umana›»[112]. Quindi divino in quanto contrapposto a umano. Nell'*Apocalisse* di Giovanni, l'instaurazione della sovranità di Dio viene rappresentata come sostituzione della sovranità terrena (*Apoc.* 11,15-18). Secondo l'interpretazione di Stegemann

> Dai contesti biblici non risulta se *basileia tou theou* debba indicare una particolare forma di stato o di sovranità, ad esempio una monarchia o una teocrazia. Il sintagma *basileia tou theou* si lascia meglio comprendere come concetto differenziale in cui è in gioco soprattutto la differenza tra la prassi della sovranità divina/celeste rispetto a tutte quelle terrene/umane, soprattutto nella versione vissuta nel momento.

> Con altre parole si potrebbe anche dire che il significato del significante di questo sintagma è determinato da contrasto e dal dissidio con esperienze di sovranità umana. Nel sintagma il genitivo *theou* è quindi da leggersi tutt'al più come sorta di garanzia di qualità migliore della sovranità attesa, God's governance is good governance[113].

Una sovranità benevola

Come esempi di tradizione giudaica anteriori a Gesù, per comprendere questa natura positiva di sovranità, Stegemann riporta l'esempio di due *Salmi* nei quali la regalità di Dio viene esplicitata soprattutto come bontà, misericordia e giustizia, e come affidabilità e durata:

---

[112] W. STEGEMANN, *Gesù e il suo tempo*, cit., pp. 368-369.
[113] *Ibidem.*

Voglio esaltarti, mio Dio e re…Esse parlano della potenza delle tue azioni terribili, le tue imprese voglio narrare. Devono diffondere la fama della tua grande bontà e giubilare per la tua giustizia. Compassionevole e misericordioso è il Signore, paziente e molto misericordioso. Il Signore è buono con tutti, e la sua compassione è per tutte le opere. Ti lodano, Signore, tutte le tue opere, e i tuoi fedeli ti benedicono, Dicono la gloria della tua sovranità e parlano della tua potenza, per annunciare agli uomini le tue opere potenti, lo splendore e la magnificenza della tua sovranità (basileia). La tua sovranità è una sovranità per tutti i tempi e la tua sovranità dura di generazione in generazione. Il Signore sorregge tutti quelli che cadono e rialza tutti quelli che sono piegati, gli occhi di tutti guardano a te, e tu dai loro cibo al momento giusto. Tu apri la tua mano e sazi con benevolenza ciò che vive[114].

Nel *Salmo* 146, questi temi vengono articolati e concretizzati ancor più nettamente:

Salute a colui il cui aiuto è Dio di Giacobbe, che mette la sua speranza nel Signore suo Dio, che ha fatto cielo e terra e il mare e tutto ciò che è in essi, che mantiene la fedeltà in eterno, che fa giustizia agli oppressi, dà pane agli affamati. Il Signore libera i prigionieri. Il Signore fa vedere i ciechi, il Signore rialza quelli che sono piegati, Il Signore ama i giusti. Il Signore protegge gli stranieri, aiuta vedove e orfani, fa sbagliare la strada agli empi. Il Signore è re in eterno, il tuo Dio, Sion di generazione in generazione[115].

---

[114] *Sal.* 145.1, 6-16.
[115] *Sal.* 146, 5-10.

E.B. Janowski fa osservare che «l'attesa neotestamentaria della sovranità regale di Dio, la cui venuta è impetrata anche nel Padre nostro, poté riallacciarsi a questa speranza»[116]. Secondo Stegemann

…la sovranità di Dio è una metafora per la sovranità giusta, misericordiosa e benevola, né la concezione di *basileia tou theou* intende contribuire alla teoria dello stato. In essa si condensano piuttosto le speranze concrete di uomini che si attendono un cambiamento e un miglioramento delle loro esperienze con il potere del momento soltanto da un intervento di Dio, il quale – come ora in cielo – anche sulla terra provvederà a un ordine giusto. In due parole intendo il sintagma *basileia tou theou* come espressione antitetica dell'esperienza empirica del potere[117].

Il potere empirico – come lo chiama Stegemann – in questo periodo storico è sinonimo di Roma.

La sovranità di Dio nelle varie intepretazioni

Caratteristiche di queste interpretazioni sono i discorsi sul carattere escatologico o meno della predicazione di Gesù sul Regno di Dio. Stegemann afferma che

A Gesù viene associata la realizzazione, non soltanto la promessa del Regno di Dio, la sovranità eterna di Dio in luogo di un regno puramente

---

[116] E.B. JANOWSKI, *Ein grosser Koning uber die ganze ERDE (ps. 47,3). Zum Konigtum Gottes im* Alten Testament: Bible und Kirche 62 (2007) pp. 102-108.
[117] W. STEGEMANN, *Gesù e il suo tempo*, p. 370.

terreno, l'universalità del regno di Dio anziché la sua particolare limitazione al popolo giudaico[118].

Lo studioso mette quindi in evidenza l'imminenza sovrastante della sovranità regale di Dio, invece di una vaga speranza nel futuro, e, soprattutto, il legame indissolubile con la persona di Gesù stesso. I fondamenti dell'interpretazione religiosa moderna sono da individuare in Johanes Weiss che nel 1892 scrive *La predicazione di Gesù del regno di Dio*. In quest'opera, per molti aspetti, Weiss fondava su nuove basi il discorso sul sintagma che fino ad allora era stato letto nell'ottica di una contrapposizione del Cristianesimo al Giudaismo (come abbiamo visto nelle precedenti fasi della ricerca): ne è un esempio il titolo stesso di un libro di W. Bousset: *La predicazione di Gesù in antitesi al giudaismo*. J. Weiss colloca la predicazione di Gesù e del Regno di Dio nel contesto dell'apocalittica giudaica. La sua interpretazione fonda un discorso nuovo anche perché Weiss contrappone l'interpretazione religiosa a quella etica di Ritschl. A Weiss, da storico, preme sottolineare che la predicazione di Gesù abbia puntato tutto sul massimo bene religioso. Egli spiega così il senso della predicazione di Gesù:

> Il regno (o la sovranità) di Dio si è fatto talmente vicino che è oramai alle porte. (Ma) Gesù parla di un regno di Dio presente non perché ci sia una comunità di discepoli nella quale si compia la volontà di Dio, e quindi perché ad opera degli uomini venga realizzata la sovranità di Dio, ma perché mediante l'operato di Gesù è mandato in frantumi il potere di satana, il primo portatore del male: sono questi, tuttavia, momenti di grande entusiasmo profetico in cui Gesù è preso dalla coscienza della

---

[118] Per la natura universale della regalità del Dio d'Israele cfr. *Sal.*47, 8-10.

vittoria… Oltre a queste espressioni c'è una grande quantità di detti nei quali l'instaurazione del regno è riservato a un futuro più o meno lontano. Così come Gesù lo aspettava, il regno di Dio sulla terra non è ancora instaurato[119].

Un regno imminente e spirituale

La voce *Regno di Dio* del *Calwer Bibellexikon* fornisce una breve ricapitolazioni di ciò che oggi nell'esegesi odierna è oggetto di largo consenso riguardo alla predicazione di Gesù della sovranità di Dio:

Nel Nuovo Testamento il regno di Dio è un tema principale dell'annuncio e dell'opera di Gesù. Nelle sue parabole Gesù ha reso annunciabile ed esprimibile l'imminenza del Regno di Dio, anche quando non usa esplicitamente l'espressione nota ai suoi contemporanei. Ai poveri promette la vicinanza imminente e salvifica del Regno di Dio (*Lc*.6,20) e in modi fino ad allora inauditi fa discendere la sua propria autorità dalla predicazione del regno di Dio. Chi incontra la parola e l'opera di Gesù è messo di fronte alla manifestazione del regno di Dio della fine dei tempi e al Dio che è presente. Con ciò gli è concessa la possibilità di convertirsi, di cui approfittare (*Lc*.6,47-49 par.; *Lc*.16,1-8a), Nella vita e nell'opera di Gesù l'uomo sperimenta lo splendore e la presenza del Regno di Dio (*Lc*. 11,20 par.; 17,20 s.), del quale Gesù stesso attende ancora il compimento (*Mc*.14,25) e la cui venuta resta per

---

[119] J. WEISS, *La predicazione di Gesù del Regno di Dio*, D'Auria, Napoli 1993, pp. 21-24.

i suoi discepoli preghiera (*Lc.*11,2 par.) e futuro (*Lc* 10, 9.11). Nella predicazione di Gesù futuro e presente sono indistricabili[120].

Per Stegemann, la predicazione di Gesù della *basileia* si distingue per vari aspetti dagli analoghi discorsi giudaici, si potrebbe dire che mentre nei vangeli la predicazione di Gesù del regno di Dio si presenta come antitesi di un potere inadeguato, qui diviene antitesi teologica al giudaismo. L'interpretazione di Regno di Dio ha avuto poi connotati spiritualizzanti. Già nel Nuovo Testamento s'incontrano concezioni spiritualizzanti:

Si potrebbe addirittura dire a buon diritto che le concezioni che considerano il regno di Dio un'entità trascendente destinata a un eletto gruppo di uomini che si distingue per tratti particolari e promettono una loro forma di vita fondamentalmente diversa da quelle attuali, sono concezioni che si trovano spesso in tutto il Nuovo Testamento[121].

Si pensi alla domanda del ricco a Gesù: "Maestro buono, che cosa devo fare per ereditare la vita eterna?" (*Mc.* 10,17). In questo contesto, il costrutto "vita eterna" viene assimilato nel sintagma regno di Dio (*Mc.*10,23 s.): "quant'è difficile che gli abbienti entrino nel regno di Dio!". Particolarmente accentuata è l'interpretazione spiritualizzante della *basileia* in Giovanni:

Gesù rispose: Il mio regno non è di questo mondo; se il mio regno fosse di questo mondo i miei servitori avrebbero combattuto perché non fossi consegnato ai giudei, ma il mio regno non è di quaggiù. Allora

---

[120] O. MERK, *Reich Gottes*, in *Calwer Bibellexikon* II, ed.O.Betz-B.Ego-W.Grimma in coll. con W. Zwickel, Stoccarda 2003, p. 1224.
[121] *Ibidem.*

Pilato gli disse: Dunque tu sei re? Gesù rispose: Tu lo dici che io sono re. Per questo sono nato e per questo sono venuto nel mondo, per rendere testimonianza alla verità. Chiunque è della verità ascolta la mia voce[122].

Soprattutto il Vangelo di Luca si sarebbe rivelato d'importanza decisiva per interpretazioni spiritualizzanti posteriori:

E quando i farisei gli chiesero: Quando verrà il regno di Dio? Rispose loro e disse: Il regno di Dio non viene in modo da attirare l'attenzione, nessuno dirà eccolo qua! oppure Eccolo là! Perché ecco, il regno di Dio è in mezzo a voi[123].

La spiritualizzazione del sintagma

Stegemann sostiene che

...la locuzione in mezzo a voi può anche essere resa con in voi o dentro di voi, e com'era da attendersi ha condotto a rappresentazioni mistiche e interiorizzanti del regno di Dio. E' probabile che abbia una parte importante in questa spiritualizzazione del sintagma il vangelo gnostico di Tommaso, dove domina il motivo gnostico della conoscenza di sé: Gesù disse: se coloro che vi precedono vi dicono: Ecco, il regno è in cielo, allora gli uccelli del cielo vi precederanno. Se vi diranno: E' nel mare, allora i pesci vi precederanno. Invece, il regno è dentro di voi e fuori di voi. Quando vi conoscerete sarete riconosciuti, e comprenderete di essere i figli del Padre vivente. Ma se non vi riconoscerete vivrete in miseria e sarete la miseria (*log.*3). Oltre ai motivi della conoscenza di

---

[122] *Gv.* 18,37s.
[123] *Lc.* 17,20s.

sé, nel vangelo di Tommaso si trova anche il motivo dell'astinenza del mondo: "Se non vi astenete dal mondo non troverete il regno" (*log.* 27)[124].

In una breve esposizione del Vangelo di Tommaso, B. Heininger così riassume:

> Il Vangelo di Tommaso ribadisce la presenza della sovranità di Dio predicata da Gesù ma la trasferisce nell'intimo dell'uomo. Di fatto essa non è altro che la conoscenza di se stessi. Chi ha trovato il regno del padre sa da dove viene e a che cosa è destinato. Questo sapere và di pari passo con la conoscenza del vuoto e dell'insignificanza del mondo e richiede ai cristiani di Tommaso una vita nella povertà e nell'isolamento contro le norme sociali vigenti[125].

Una doppia chiave di lettura

Un'odierna interpretazione spiritualizzante non gnostica è quella di Joseph Ratzinger. Richiamandosi alla parola ebraica *malkut* soggiacente, Ratzinger fa osservare che non si parla di un regno futuro o ancora da instaurare, bensì della sovranità di Dio sul mondo. In modo conforme, Ratzinger interpreta l'espressione "regno di Dio" con una doppia chiave di lettura. In senso teocentrico perché

> ...parlando del regno di Dio, Gesù annuncia semplicemente Dio, cioè il Dio vivente, che è in grado di operare concretamente nel mondo e nella

---

[124] *Ivi*, p. 375.
[125] B. HEININGER, *Das «Kronigreich des Vaters». Zur Rezeption der Baileiaverkundigung Jesu im Thomasevangelium*: Bible und Kirche 62, 2007, p. 101.

storia e proprio adesso sta operando. Ci dice: Dio esiste. E ancora: Dio è veramente Dio, vale a dire, Egli tiene in mano le fila del mondo. L'aspetto nuovo ed esclusivo del suo messaggio consiste nel fatto che egli dice: Dio agisce adesso… Pertanto la traduzione regno di Dio è inadeguata, sarebbe meglio parlare dell'essere Signore di Dio oppure signoria di Dio[126].

D'altra parte, egli intende tuttavia la vicinanza del regno di Dio anche in senso cristocentrico:

Così [sulla base di *Lc.* 17,20 s. e *Lc.* 11,20]…s'impone la risposta: la nuova vicinanza del regno di cui parla Gesù e la cui proclamazione costituisce l'aspetto distintivo del suo messaggio, questa nuova vicinanza è lui stesso. Attraverso la sua presenza e la sua attività Dio è entrato nella storia in modo completamente nuovo qui ed ora come colui che opera. Per questo è ora tempo compiuto (*Mc.*1,15); per questo è ora, in un modo del tutto particolare, tempo di conversione e di penitenza, come anche tempo di gioia, perché in Gesù Dio viene incontro a noi. In lui ora Dio è colui che opera e regna- regna in modo divino, cioè senza potere mondano, regna con l'amore che va sino alla fine (*Gv.* 13,1) sino alla croce[127].

Ratzinger non circoscrive la vicinanza del regno di Dio a una presenza fisica di Gesù, quindi al Gesù storico, all'uomo di Nazareth che si spostava per le colline della Galilea:

Qui [Lc.11,20]…il regno non è semplicemente presente nella presenza fisica di Gesù, ma mediante il suo operare nello Spirito Santo. In questo

---

[126] J. RATZINGER, *Gesù di Nazaret vol. I, Dal Battesimo alla trasfigurazione,* cit., p. 79.
[127] *Ivi*, p. 84.

senso il regno di Dio, in lui e attraverso lui, qui e ora diventa presenza, si avvicina[128].

L'interpretazione ecclesiastica di Ratzinger si perfeziona infine in questo passo:

A partire dall'incontro con Cristo questa domanda [il Padre Nostro, venga il tuo regno] assume una valenza ancora più profonda... Abbiamo visto che Gesù è il regno di Dio in persona; dove è lui, là è regno di Dio...Pregare per il regno di Dio significa dire a Gesù: Facci essere tuoi, Signore![129]

Interpretazione politica della *basileia* di Dio

Stegemann ha fatto notare che è possibile scorgere anche un significato per certi versi politico-sociale nella predicazione di Gesù:

Nei vangeli le affermazioni concernenti la sovranità regale di Dio associano a questa nozione anche l'idea di trasformazioni sociali e del tutto in generale fanno pensare che essa potrebbe essere definita politica per il suo contenuto più proprio. Per interpretazione politica s'intende qui la spiegazione della predicazione di Gesù del regno di Dio nei vangeli sulla base del presupposto che in questa concezione è questione in sostanza dell'esercizio del potere o dell'autorità e della trasformazione (sociale) della società, ossia dell'attesa o dell'esperienza

---

[128] *Ibidem.*
[129] *Ivi*, p. 178.

dell'influenza trasformatrice del potere sovrano di Dio sulla situazione personale e sociale[130].

Hannah Arendt, riguardo alla democrazia greca classica, distingue gli ambiti dell'*oikos* e della *polis* e scrive:

> Quel che noi intendiamo con dominare e essere dominati, con potere, stato e governo, in breve tutti i concetti che usiamo per l'ordinamento politico, nella democrazia greca classica erano prepolitici[131].

Per H. Arendt

> ...sono prepolitici anche la povertà e la necessità, ossia le condizioni fondamentali dell'attesa e della speranza nella sovranità regale di Dio nel movimento di Gesù[132].

Un movimento prepolitico

La povertà assoggetta la miseria umana alla costrizione assoluta della pura corporeità. Rendendo impossibile all'interessato agire liberamente, che per Arendt ‹‹è la condizione necessaria dell'azione politica››[133]. Secondo Stegemann

> ...parlare di prepolitico rende avvertiti che nella proclamazione della sovranità regale di Dio ad opera del movimento di Gesù non è questione di processi di contrattazione su un determinato modello di società né di come imporre un modello mediante il consenso o il voto, ma

---

[130] W. STEGEMANN, *Gesù e il suo tempo*, cit., p. 377.
[131] H. ARENDT, *Vita activa. La condizione umana*, Einaudi, Torino 2006, p. 42.
[132] H. ARENDT, *Sulla rivoluzione*, Bompiani, Milano 2009, p. 116.
[133] *Ivi*, p. 377.

dell'implementazione sovrana di un modello eterotopo di società. La parola prepolitico si propone da sé, perché il movimento di Gesù non aveva alcun accesso ai processi di decisione politica. La trasposizione del modello sociale che viene designato come sovranità regale di Dio è affidata esclusivamente al dominatore sovrano, a Dio stesso. Gesù e il suo movimento, ossia i rappresentanti della sovranità di Dio, neppure conoscono il momento dell'instaurazione su Israele della sovranità divina, Dio soltanto lo conosce (*Atti* 1.6 s.) La predicazione dell'approssimarsi della *basileia* di Dio non si attende che si discuta degli scopi o dei gruppi che interesserà, ma conosce due sole risposte possibili: accettazione o rifiuto[134].

Per Stegemann, depone infine a favore di un'interpretazione politica della predicazione del movimento di Gesù riguardo al regno di Dio anche il fatto che

...l'attività pubblica di questo gruppo portò a un pericoloso conflitto con l'èlite romana in Giudea e di Gerusalemme, nel corso del quale il suo capo carismatico venne giustiziato come rivoltoso politico e ribelle antiromano. L'accettazione e il riconoscimento dell'egemonia del regno di Dio aveva il suo controcanto nel rifiuto che le opponeva all'élite politica sia dei rappresentanti della potenza coloniale romana sia del ceto di Gerusalemme[135].

Malina, in maniera decisa, afferma:

Il Regno di Dio ha come scopo la trasformazione della struttura sociale, le dimensioni concrete della sovranità di Dio ha quindi a che fare

---

[134] W. STEGEMANN, *Gesù e il suo tempo*, cit., p. 377.
[135] *Ivi*, p. 378.

immediatamente con esperienze negative in materia di esercizio del potere[136].

Una trasformazione sociale

Come già abbiamo detto, è nella sostanza la speranza di una *good governance*. Stegemann osserva:

> È il caso di sottolineare che si tratta di attese di buon governo che vennero formulate nel contesto e dal contesto della cultura e della società storiche di Gesù. Ritengo possibile caratterizzare la concezione che Gesù e il suo movimento ebbero della *basileia tou theou* col concetto di utopia, ma per definire le attese intrinseche al regno di Dio preferisco parlare di eterotopia[137].

Per il concetto di eterotopia, Stegemann si rifà a Focault secondo il quale ‹‹le utopie sono perfezionamenti o capovolgimenti della società esistente senza un luogo reale, mentre nelle eterotopie il luogo reale esiste››[138]. Secondo Stegemann

> …qui si potrebbe parlare anche di eteroarchia. L'alterità della basileia tou theou è qualcosa d'altro rispetto alla propria esperienza, ma resta legata a ciò che si ha, ossia all'esperienza presente; non proietta al di sopra delle teste degli uomini una società di sogno tra le nubi[139].

---

[136] J.B. MALINA, *The Social World of Jesus and the Gospel*, London- New York 1996, p. 138.
[137] W. STEGEMANN, *Gesù e il suo tempo*, cit., p. 379.
[138] M. FOUCAULT, *Le parole e le cose. Un' archeologia delle scienze umane*, Rizzoli, Milano 1967.
[139] W. STEGEMANN, *Gesù e il suo tempo*, cit., p. 379.

A ben vedere, l'ordine eterotopo sperato che deve essere instaurato dal potere di Dio concerne soprattutto la trasformazione delle strutture sociali, quelle che riguardano i rapporti sociali come quelle che inseriscono alla società stessa. La trasformazione quindi si muove all'interno di ciò che sul piano della storia della cultura è pensabile e sperimentabile. Infatti, vi rientra in questa interpretazione una concreta speranza di una regalità ideale che faccia rinascere la dinastia dei sovrani davidici. J. Weiss, nonostante la sua interpretazione prettamente teologica, non rimuove dalla sua analisi gli aspetti politici della predicazione di Gesù del regno di Dio:

> È questo infine anche il luogo in cui affrontare il lato politico della speranza di Gesù nel futuro...mi sembra ovvio che tra i beni che in primo luogo il regno dovrà portare vi sia in primo luogo la liberazione dalla dominazione straniera. Se il regno di Dio scende sulla terra, se la terra promessa risorge in sovrana bellezza e gli eletti saranno innalzati alla basileia del messia, dove mai resterà ancora spazio per l'impero romano? E' spazzato via nella grande crisi... Ciò è tanto evidente che semplicemente non capisco come ci si possa rifiutare di riconoscerlo[140].

Stegemann conclude:

> Se si tiene conto della parola *basileia*, sarebbe sensato intendere il sintagma *basileia tou theou* come metafora politica. In essa trovano espressione le attese di realizzazione di una sovranità umana, di good governance. Resta certo da osservare che la nozione di basileia tou theou non si riferisce a un modello attuale o storico concreto, se non alla sovranità regale di David. L'attesa che la sovranità di Dio si realizzi non

---

[140] J. WEISS, *La predicazione di Gesù sul Regno di Dio*, cit., p. 123.

solo in cielo ma anche sulla terra c, con le parole del Padre Nostro, che venga il tuo Regno come in cielo così in terra (*Mt.* 6,10), è l'attesa dell'egemonia di un ordine eterotopo dove il nome di Dio ne garantisce la giustizia[141].

Gesù: il re-messia di discendenza davidica?

La questione del rapporto fra l'idea di regno di Dio del movimento di Gesù e l'attesa del ristabilimento della dinastia della casa di David, propria della tradizione d'Israele, solleva un difficile problema storico:

> In generale è da dire che al ristabilimento della casa reale davidica come alla sovranità regale di Dio è associata l'eterotopia di una sovranità buona e giusta di Israele[142].

Entrambe le attese stanno nei vangeli una accanto all'altra. Come abbiamo visto in precedenza, questo concetto è presente già verso la metà del I sec. a.C. nei *Salmi* attribuiti a Salomone. In questo testo si incontra la speranza di restaurazione d'Israele come popolo delle dodici tribù, a sua volta associata all'attesa di un re degli ultimi tempi sul trono di David, il quale viene definito espressamente "unto del Signore" (*christos Kyriou*). Ecco un passo del testo:

> Tu, Signore, scegliesti David come re su Israele e tu giurasti a lui per sempre, a proposito della sua progenie, di non fa mai cessare il suo potere regale...Guarda Signore, e fa sorgere per loro il loro re figlio di

---

[141] W. STEGEMANN, *Gesù e il suo tempo*, cit., p. 380.
[142] *Ivi*, p. 396.

David per l'occasione che tu hai scelto, o Dio, perché il tuo servo regni su Israele: e cingilo di forza così che possa spezzare i governanti ingiusti e purificare Gerusalemme dai popoli pagani che la calpestano con distruzione, e con sapienza di giustizia allontanare i peccatori dall'eredità e spezzare l'orgoglio del peccatore come vasi d'argilla, con verga di ferro sbriciolare ogni loro esistenza, sterminare i pagani trasgressori con la parola della sua bocca, con la sua minaccia far fuggire i pagani lontani dal suo volto E punire i peccatori per i pensieri del loro cuore. E riunirà un popolo santo, di cui sarà capo con giustizia e giudicherà le tribù del popolo santificato dal Signore suo Dio: e non permetterà che l'ingiustizia abiti ancora tra loro e non abiterà con loro nessun uomo che conosca il male: infatti li conoscerà perché sono tutti figli del loro Dio. E li suddividerà nel paese nelle loro tribù, e immigrato e straniero non abiterà più con loro: giudicherà popoli e nazioni con la sapienza della sua giustizia. Terrà i popoli dei pagani sotto il suo giogo per servirlo e renderà gloria al Signore sotto gli occhi di tutta la terra e purificherà Gerusalemme con santificazione simile a quella dell'inizio: sicché giungeranno nazioni dall'estremità della terra per vedere la sua gloria, portando i figli di cui era stata privata e vedranno la sua gloria di cui l'ha glorificata Dio. E il re su di loro sarà giusto e ammaestrato da Dio e non ci sarà nei suoi giorni ingiustizia in mezzo a loro perché tutti saranno santi e il loro re sarà l'unto del Signore[143].

---

[143] *Sal.* 17,4.21-32.

Una dinastia destinata a sfidare i secoli

Secondo Stegemann, in questo testo si lascia riconoscere anche l'allusione alla profezia di Natan con cui – su incarico divino – il profeta predice al re David una dinastia duratura:

> Quando i tuoi giorni saranno compiuti e giacerai con i tuoi antenati farò venire dopo di te la tua discendenza uscita da te e renderò stabile il tuo regno. Egli edificherà una casa al mio nome e io renderò stabile per sempre il trono del suo regno. Io gli sarò padre ed egli mi sarà figlio. Se commetterà il male lo correggerò con bastone umano e con colpi umani. Non ritirerò da lui la mia grazia, come l'ho ritirata da Saul che ho rimosso dal trono dinanzi a te. 16 E la tua casa e il tuo regno saranno saldi per sempre davanti a me; il tuo trono sarà stabile per sempre[144].

Questo complesso di attese messianiche s'incontra anche nei Vangeli neotestamentari, in particolare in quello di Luca. Per Stegemann, proprio la concezione ravvisabile in Luca è strettamente collegata all'attesa dell'unto (*cristo*) in quanto liberatore d' Israele degli ultimi tempi e signore regale sul trono di David (*Lc.* 1,5- 4,13). In particolare, l'annuncio della nascita di Gesù si riallaccia alla profezia di Natan (*2Sam.*7,1-16), e alla nascita di Gesù associa il compimento della profezia:

> Sarà grande e sarà chiamato figlio dell'Altissimo. Il Signore Dio gli darà il trono di David, suo padre. E da re regnerà in eterno sulla casa di Giacobbe e la sua sovranità regale non avrà fine (*Lc.* 1,32-33).

---

[144] *2 Sam.* 7,12-16.

A Gesù sono associate le tipiche attese messianiche per il popolo d'Israele: la salvezza di Israele, il sovvertimento dei rapporti sociali esistenti, la liberazione del popolo di Dio e di Israele. Affronteremo ora tre punti nei quali questo concetto viene più chiaramente alla luce.

Gesù come figlio di David

Gesù è stato invocato come figlio di David. Nel racconto del cieco Bartimeo a Gerico (dunque sulla via di Gerusalemme), questi chiama Gesù "figlio di David" e ne invoca l'aiuto:

E giunsero a Gerico. E mentre egli, i suoi discepoli e non poca folla partivano da Gerico, Bartimeo, il figlio di Timeo, un mendicante cieco, sedeva lungo la strada. E quando udì che era Gesù di Nazaret iniziò a gridare a gran voce: Figlio di David, Gesù, abbi pietà di me! Allora molti lo reguardivano affinché tacesse. Ma quello gridava più forte: Figlio di David, abbi pietà di me. E Gesù si arrestò e disse: Chiamatelo qui! E chiamarono il cieco e gli dissero: Su, alzati! Ti chiama. Quello gettò il mantello, balzò in piedi e venne Gesù. E Gesù si rivolse a lui e gli disse: Che cosa devo fare per te? Il cieco disse: Rabbuni, fa che torni a vedere. E Gesù gli disse: Và, la tua fede ti ha salvato. E subito quello tornò a vedere e prese a seguirlo par la strada[145].

---

[145] *Mc.* 10, 46-52.

Un appellativo politico?

Secondo Stegemann,

> …si è compreso il testo come indubitabile trasmissione di una tradizione più antica di Gesù, ma insieme si è depoliticizzata la semantica politica problematica dell'invocazione di Gesù come figlio di David›› [146].

E. Stauffer ha limitato il senso del sintagma "figlio di David" all'aspetto genealogico escludendo l'ambito politico messianico. [147] Dal canto suo, Stegemann obietta: ‹‹Ma quale senso potrebbe avere la discendenza genealogica da David in questo contesto se non la si collega alla casa reale davidica?›› [148]. Interessante punto di vista al riguardo è quello di Di Palma, che a sua volta si collega a un concetto di Pesch, ragionando sul sintagma alla luce di questi versetti:

> Gesù mentre insegnava nel tempio, disse: Come mai gli scribi dicono che il cristo è figlio di Davide? Davide stesso disse per lo Spirito Santo il Signore ha detto al mio Signore: Siedi alla mia destra, finché io abbia messo i tuoi nemici sotto i tuoi piedi. Davide stesso lo chiama Signore; dunque come può essere suo figlio? E una gran folla lo ascoltava con piacere [149].

Per Di Palma la domanda di Gesù può essere formulata più chiaramente: ‹‹in che senso gli scribi dicono che il re-messia è figlio di Davide?›› [150]. La risposta è scritta nel Salmo 101 il quale è incastonato in questo passo

---

[146] *Ivi*, p. 399.
[147] E. STAUFFER, *Messias oder Meschensohn?*: NovTest I, 1956, pp. 81-102.
[148] W. STEGEMANN, *Gesù e il suo tempo*, cit., p. 399.
[149] *Mc* 12, 35-37.
[150] G. DI PALMA, *Sei tu il Cristo? Tra Gesuologia e Messianicità*, cit., p.152.

del Vangelo al v. 36. Il *Salmo* 101, secondo l'opinione del tempo, era attribuito a Davide:

> Gli scribi potevano intendere il concetto di figlio non in chiave puramente genealogica, bensì come qualità, ossia una persona della specie, delle qualità di Davide, una persona richiamante quei fattori[151].

Il «miracolo» come sigillo della regalità

Quindi Davide chiama Signore "suo figlio" poiché non necessariamente deve essere inteso in senso genealogico, ma può essere inteso anche in senso descrittivo. Infatti nella genealogia di Matteo, Gesù non è messo in diretta filiazione paterna con Giuseppe (della discendente di Davide), ma in diretta discendenza da Maria (perché?). Guardando con attenzione,

> In questo passo (il cieco Bartimeo) si è (volutamente) andati contro l'interpretazione dell'invocazione di Gesù come figlio di David in senso concreto (politico) e si son fatti valere il contesto di una guarigione miracolosa[152].

Ma alla luce di ciò, J.P. Meier ha proposto un'interessante interpretazione delle guarigioni miracolose sulla base della tradizione del Salomone specialista in esorcismi (Ant.8,45ss.):

---

[151] R. PESCH, *Il Vangelo di Marco, testo greco e traduzione. Commento ai capitoli 8,27-16,20,* Brescia 1982, pp. 378-379.
[152] W. STEGEMANN, *Gesù e il suo tempo,* cit., p. 399.

L'associazione di miracoli di guarigione al titolo figlio di David è più complessa di quanto a prima vista non sembri. Nel I sec. d.C. in certi ambienti giudaici il re Salomone...aveva fama di grande esorcista e guaritore[153].

Stegemann osserva che

...Meier ricorda il testo delle *Antiquitates* sopra citato, così come il testamento di *Salomone* del III sec. d.C. Proprio la combinazione in Gesù del maestro saggio con l'esorcista o il taumaturgo consentirebbe di comprendere nel giudaismo del tempo l'associazione con l'appellativo figlio di David. Inoltre, Stegemann fa ancora osservare che la preghiera da parte del cieco che invoca pietà può essere rivolta anche a sovrani terreni (*Ant. 9,64; Epitteto, Dissertiationes 2,7,12; 2 Macc. 7,27*)[154].

Un'ulteriore motivazione che si potrebbe inoltre addurre è quella di Vespasiano: Tacito racconta un episodio che lo vede come guaritore di un cieco e di un paralitico, prima di entrare a Roma per assumervi il potere come imperatore. Su questo sfondo, Stegemann interpreta la guarigione di Bartimeo come

...re che compie prodigi per conferma divina della maestà della sovranità, il racconto fornisce la legittimazione divina alla rivendicazione di Gesù al trono davidico[155].

---

[153] J. P. MEIER, *Un ebreo marginale. Ripensare il Gesù storico, II. Mentore, messaggio e miracoli,* Queriniana, Brescia 2002, p. 399.
[154] W. STEGEMANN, *Gesù e il suo tempo.* p. 399.
[155] *Ibidem.*

L'ingresso di Gesù a Gerusalemme: Osanna! Al figlio di Davide

Una cosa è certa, da figlio di Davide o meno, Gesù entra in Gerusalemme da re:

> Con l'entrata in Gerusalemme di Gesù e lo stuolo dei suoi seguaci, la rivendicazione del ruolo davidico viene dichiarata esplicitamente. Gesù entra in Gerusalemme come rappresentante della promessa della sovranità che ora viene, sul dorso di un asino[156].

Osserviamo nel dettaglio tutto ciò che oggi ai nostri occhi può sembrare piuttosto trascurabile, ma per i contemporanei di Gesù ogni particolare è gravido di regalità. Iniziamo col prendere in considerazione l'uso della cavalcatura, ossia l'asino. Esso era impiegato in origine, secondo la testimonianza biblica, da personaggi autorevoli (cfr. *Gdc* 5,10; 10,4; *2Sam* 13,29; 18,9). Sulla groppa dell'asino si stendeva una coperta, legata attorno al dorso dell'animale in modo da non scivolare (22.3; *Gdc* 19,10; *2Sam* 16,1 17,23;19,27; *2Re* 4,24). A. Rolla ci fa notare che il rapporto tra l'uso dell'asino e la regalità è una specie di *topos* dell'Antico Testamento. Infatti, egli confronta questo passo con il racconto della consacrazione regale di Salomone (*1Re* 1,28-40), quando Davide, oramai vecchio permette al figlio di adoperare la propria mula: «cedendo a Salomone la propria mula, Davide mostrava a tutti la volontà di trasmettergli il potere regio»[157]. Per Joseph Ratzinger (in compagnia di tanti altri studiosi, si potrebbe dire acquisizione della

---

[156] *Ibidem.*
[157] A. ROLLA, *Libri dei Re,* San Paolo, Cinisello Balsamo (Milano) 1989, p. 48.

ricerca contemporanea), molto più importante di *1Re* 1,28-40 sono *Gen* 49,11 e *Zc* 9,9. Il sovrano che nascerà da Giuda godrà dei frutti migliori e disponibili in abbondanza avrà la possibilità di legare a una vite scelta il suo asinello[158]. Il v. 11 qui in questione, appartiene alla sezione dei vv.8-12, dedicata a Giuda, il quale è descritto come vincitore dei suoi nemici e dominatore dei popoli.

> Esulta grandemente figlia di Sion, giubila figlia di Gerusalemme, ecco a te viene il tuo re. Egli è giusto e vittorioso e cavalca un asino, un puledro figlio di asino[159].

Una simbologia pregna di significati

In Zaccaria è esplicito il richiamo regale della cavalcatura dell'asino. Secondo il nostro modo di vedere, l'ingresso in Gerusalemme in groppa ad un asino sarebbe più importante della modalità del reperimento dello stesso, in quanto l'ingresso ha caratteristiche solenni vicine anche a quelle che sono gli odierni onori. Ma Derret ci fa notare che anche il reperimento della cavalcatura ha in sé una chiara rivendicazione regale. Derret spiega che

> ...tutto questo ha a che fare con il diritto regale dell'angheria, consistente nella requisizione di mezzi di trasporto conosciuto anche nella cultura ebraica, come appare in *1Sam* 12,3-5[160].

---

[158] *Gen* 49,11.
[159] *Zc* 9,9.
[160] J. DERRET, *Law in the New Testament: The Palm Sunday Colt,* in *Novum Testament* 13, 1971, pp. 231-258.

Conferma questa tesi anche Ratzinger quando afferma che «Gesù rivendica il diritto regale della requisizione dei mezzi di trasporto, un diritto noto in tutta l'antichità»[161].

I mantelli e le fronde

Inoltre, ci sono due particolari che vanno evidenziati. Il primo è il particolare dei mantelli, dei quali si dice che "vengono stesi per terra sulla via" (*Mc*.11,8). Mentre, dal canto suo, Di Palma osserva:

> Verrebbe da chiedersi che senso abbia stendere i mantelli per farli calpestare da un asino. Se Gesù era già su una cavalcatura, che evocava significati ben precisi, che valore aveva stendere anche i mantelli per terra?[162]

Egli stesso risponde con un accostamento a *2 Re* 9,11-13:

> In questo brano Ieu aveva ricevuto la visita di un discepolo del profeta Eliseo e da costui era stato unto re. I suoi colleghi ufficiali, sentito quanto Ieu aveva raccontato sulla venuta del profeta, lo acclamano re e, in segno di onore, stendono i propri vestiti a terra, come oggi si usa stendere tappeti su cui, in occasioni ufficiali, le grandi personalità camminano[163].

---

[161] J. RATZINGER, *Gesù di Nazaret, vol. II, Dall'ingresso in Gerusalemme fino alla risurrezione*, BUR 2011, p. 13.
[162] G. DI PALMA, *Sei tu il Cristo? Tra Gesuologia e Messianicità*, cit., p. 85.
[163] *Ivi*, p. 86.

Il secondo particolare è quello delle fronde tagliate dagli alberi per strada, mentre Gesù cammina in groppa all'asino calpestando tappeti:

> Il saluto col rito dell'agitare i rami di palma richiama il nazionalismo ebraico di matrice maccabaica, in particolare due episodi: *1 Mac* 13,51, quando Simone riconquistò l'Arca di Gerusalemme e "fecero ingresso in quel luogo il ventitré del secondo mese dell'anno centosettantuno [142 a.C.], con canti di lode e con palme"; quando Giuda dedicò nuovamente l'altare del Tempio (164 a.C.) racconta *2 Mac* 10,7 che "tenendo in mano bastoni ornati, rami verdi e palme, innalzavano inni a colui che aveva fatto ben riuscire la purificazione del suo proprio tempio"[164].

Un'altra osservazione in merito, la fornisce P. Sacchi:

> Nel Testamento greco di *Neftali* 5,4, dove i rami di palma dati a Levi sul Monte degli Ulivi simboleggiano il potere conferitogli su tutto Israele, ritroviamo la stessa espressione giovannea indicante le palme: "mentre Levi era come il sole, ecco un giovane che gli dà in aggiunta dodici foglie di palma"[165].

Osanna: aiuto mio re!

In questo contesto regale, all'ingresso a Gerusalemme, Gesù viene salutato con "Osanna! Benedetta la basileia del nostro padre Davide che

---

[164] *Ivi*, p. 98.

[165] P. SACCHI, *Testamenti dei Dodici Patriarchi*, in ID. (cur.) *Apocrifi dell'Antico Testamento*, Armenia, Milano 1997, I. p. 455.

ora viene". Osanna, stando a *2Sam* 14,14 e *2Re* 6,25 significa, "Aiuto mio re!" Stegemann osserva:

> Il grido della folla, di speranza nella *basileia* di David che ora viene, e quindi nell'instaurazione della promessa dinastia davidica non è ripreso né nel testo matteano né nel parallelo lucano (*Mt.*21,9; *Lc.*19,38). Ciò si spiega da sé, nel senso che il correttivo introdotto da Matteo e Luca porta alla luce il senso politico della versione marciana dell'episodio dell'ingresso[166].

Sulla stessa linea anche Pinchas Lapide:

> Il grido di osanna nel contesto del *Salmo* 118 relativo alla *basileia* di Davide che ora viene, è un'esortazione a liberare i supplicanti, ha una forte coloritura politica, poiché sarebbe un invito rivolto al figlio di Davide, Gesù, a cacciare i romani dalla terra d'Israele. Purtroppo, il Nuovo Testamento ha trasformato questo grido di liberazione in un innocuo ossequio religioso. La folla avrebbe detto nel giorno dell'ingresso: "salvaci dai romani", mentre i vangeli hanno depoliticizzato l'espressione[167].

Re, ma non conquistatore

Sanders sostiene che l'episodio dell'ingresso in Gerusalemme è direttamente connesso all'esecuzione di Gesù come re dei giudei/giudaiti: ‹‹si può tuttavia senz'altro pensare che l'ingresso di Gesù in Gerusalemme fosse un segnale esplicito: re, sì, in un senso

---

[166] W. STEGEMANN, *Gesù e il suo tempo*, cit., p. 400.
[167] P. LAPIDE, *Bibbia tradotta, Bibbia tradita*, EDB Bologna 2001, p. 177-180.

preciso, non conquistatore militare›› [168]. Anche Vermes ha fatto notare che ‹‹già nell'attesa biblica la dominazione di Dio in quanto re compaiono idee bellicose ma non militari›› [169]. Ancora Stegemann a riguardo:

> In realtà la rivendicazione del trono di David non dovette mai essere manifestata con l'appoggio delle armi, ma resta pur sempre una pretesa politica che la potenza occupante romana seppe reprimere [170].

Inoltre Stegemann ricorda un caso analogo alla pretesa regale gesuana, quello di Simon ben Giora:

> Simon ben Giora era figlio di un proselita. Era originario di Gerasa, quindi della Decapoli. Sembra che all'inizio avesse formato una banda di rivoltosi che fece la sua comparsa nei territori giudaiti di confine dove alla maniera dei banditi sociali rapinava e saccheggiava le case dei ricchi (*Bell*.2,652). Ma le circostanze finirono per così dire per politicizzarlo. Fuggito davanti a un esercito inviatogli da Anania dalla toparchia dell'Acrabatene, si unì ai sicari rifugiatisi a Masada. Dopo che gli zeloti e gli idumei ebbero tolto di mezzo Anania, mirò al potere assoluto a Gerusalemme e avanzò anche rivendicazioni politiche promettendo libertà agli schiavi (*Bell*. 4,508).

Le analogie non sono ancora finite:

> Merita osservare che Giuseppe ricorda anche che la sua non fu più una banda di soli schiavi o banditi, ma anche di non pochi cittadini che gli prestavano ubbidienza come a un re (*Bell*. 4,510). Egli riuscì quindi a

---

[168] E. SANDERS, *Gesù. La verità storica*, Mondadori, Milano 1995, p. 353.

[169] G. VERMES, *La religione di Gesù l'ebreo*, cit., pp. 121-124.

[170] W. STEGEMANN, *Gesù e il suo tempo,* cit., p. 401.

raccogliere intorno a sé non soltanto banditi sociali, ma anche persone in vista (*ibid.*) e, come avevano fatto Menehem e prima ancora Giuda, Simone e Atronge, rivendicò il ruolo di anti-re. Non è allora un caso che anche Giuseppe ricordi il tipico motivo del capo militare carismatico, la forza fisica e l'audacia straordinarie (*Bell.* 4,503). Ma soprattutto vi sono indizi che per il suo antiregno (messianico) Simone s'ispirasse coscientemente al modello di David. Giuseppe racconta che Simone iniziò col conquistare Hebron in Idumea, ossia la città di David quando ancora non era re (*2Sam* 2,1 ss: 5,3ss.). Singolare è anche che Giuseppe parli spesso di donne o della moglie di Simone che l'accompagnava, come si trattasse del seguito di una casa reale (*Bell.*2,563; 4,505.538), e soprattutto che ne descriva l'ingressso in Gerusalemme, dov'era stato chiamato dagli avversari di Giovanni di Giscala, come accoglienza trionfale, come salvatore e protettore (*Bell.*4,575). E' probabile che questa rivendicazione salvifica messianico davidica si rifletta anche nelle monete della rivolta, che recano la scritta "anno 4" e "per la liberazione di Sion". Come che sia, Simone non venne meno alla sua rivendicazione regale sino alla fine, quando fallito il tentativo di fuga affrontò i romani in tunica bianca e mantello di porpora (*Bell.*7,29). Di fatto i romani lo considerarono il capo più prestigioso della rivolta, dal momento che lo condussero a Roma come vittima sacrificale nel corteo trionfale e lo giustiziarono accanto al foro (cf. *Bell.*6,434; 7,118ss. 153 ss.)[171].

---

[171] *Ivi*, p. 402.

Una speranza di restaurazione

Resta infine la questione del rapporto fra l'attesa della *basileia tou theou* e l'attesa della "sovranità di David nostro padre". Si chiedono Theissen e Merz: ‹‹si tratta forse di un malinteso (della folla) ingenerato dalla predicazione della "sovranità regale di Dio"?››[172]. Stegemann pensa che la risposta sia quella di *Ps. Sal* 17, dove le due attese coesistono[173]. Con riguardo a *Ps. Sal* 17, analoga è la posizione di Vermes:

> La prospettiva della restaurazione ad opera del nuovo David ha il suo momento culminante nella proclamazione della durata eterna della sovranità divina. Messianismo regale e regalità davidica possono quindi andare di pari passo, anche se non necessariamente[174].

Stegemann conclude con queste parole: ‹‹l'attesa connessa a Gesù come futuro re sul trono di David interpreta la sua regalità come rappresentanza terrena della *basileia tou theou*››[175]. Nel Vangelo, in breve, all'ingresso di Gesù in Gerusalemme sono connessi tre episodi che, più o meno, sono chiare indicazioni che a Gesù era associata la speranza di ristabilimento della dinastia davidica (guarigione del cieco Bartimeo, ingresso regale in Gerusalemme, rivendicazione regale del ristabilimento dell'ordine del santuario del tempio). In questo contesto rientra anche la denominazione di Gesù come re dei giudaiti. Non stupisce molto che il tema della dignità regale di Gesù stia al centro dell'interrogatorio di Pilato. Inoltre Di Palma aggiunge:

---

[172] G. THEISSEN-A. MERZ, *Il Gesù storico. Un manuale,* cit., p. 402.

[173] W. STEGEMANN, *Gesù e il suo tempo*, cit., p. 403.

[174] G. VERMES, *La religione di Gesù l'ebreo*, cit., p. 125.

[175] W. STEGEMANN, *Gesù e il suo tempo*, cit., p. 404.

C'è da dire che forse le autorità di Gerusalemme capirono più dei discepoli il significato di quei gesti e il loro rimprovero sulla proclamazione figlio di Davide potrebbe essere letta anche in chiave positiva, poiché essi sembrerebbero preoccuparsi del fatto che Gesù agendo così, si esponesse ad accuse di natura politica (sedizione e ribellione). Ed è possibile che in origine, a livello di tradizione, fosse così, mentre nella redazione il senso sia stato cambiato, lasciando intendere che essi si opponevano alla proclamazione della regalità di Gesù[176].

---

[176] G. DI PALMA, *Sei tu il Cristo? Tra Gesuologia e Messianicità*, cit., p. 103.

CAPITOLO QUARTO

LA FINE DI GESÙ A GERUSALEMME: CHI HA VOLUTO LA SUA MORTE?

In questo capitolo andremo ad affrontare la delicata questione degli eventi di Gerusalemme che condussero all'esecuzione di Gesù di Nazareth. Come qualsiasi altro aspetto della vita di Gesù, anche in quest'argomento vi sono diverse interpretazioni delle circostanze storiche della crocifissione.

Le scuole di pensiero sono sostanzialmente due: secondo alcuni studiosi l'esecuzione di Gesù avviene per iniziativa dell'*élite* di Gerusalemme, dando credito alla versione data dai Vangeli di un Gesù in contrasto irriducibile con l'ambiente giudaita contemporaneo; secondo altri, invece, il consiglio supremo (*il sanhedrin, sinedrio*) avrebbe cercato di impedire l'esecuzione di Gesù.

Il dato storico di questa vicenda è che Gesù fu giustiziato, egli sarà quindi stato accusato di un reato punibile con la morte, comminata da un potere che disponesse della pena capitale. Prima di addentrarci nelle interpretazione dell'esecuzione vediamo con una breve panoramica quali erano i poteri al tempo di Gesù.

Il contesto politico al tempo di Gesù

Dopo la morte di Erode il Grande, nel 4 a.C., l'imperatore Augusto divise il territorio giudaico in tre parti in base al testamento del re: la Giudea con Gerusalemme e il Tempio; la Samarìa e l'Idumea (assegnate ad Archelao, col titolo non di re ma di etnarca); la Galilea, la Perea e le regioni del Nord-est, Betania, Gaulanitide, Tracontide e Auranitide (affidate ad Antipa e Filippo, entrambi col titolo di tetrarca)[177]. Pochi anni dopo, la situazione sarebbe di nuovo mutata:

> Il 6 d.C. rappresentò il secondo salto di qualità nel processo di identificazione di Roma nel quarto impero danielino, iniziato come detto nel 63 a.C. con l'invasione della Giudea. Al momento della deposizione di Archelao e della trasformazione della Giudea, con Samarìa e Idumea in provincia romana, venne attuato, come di prammatica in casi simili, il censimento delle persone e delle risorse, al fine di determinare l'ammontare dei tributi che dal quel momento avrebbe dovuto essere versati a Roma. Da notare che in questo contesto si colloca l'evangelo di Giuda il galileo che dieci anni prima aveva già infiammato la Galilea e ora annunciava il suo vangelo di liberazione: nessun tributo, segno di schiavitù, doveva essere pagato a Roma, poiché nessun padrone Israele avrebbe dovuto riconoscere all'infuori di Dio[178].

La Galilea, la Perea e le regioni del nord-est rimasero invece, fin dopo la metà degli anni Trenta, sotto il dominio di Antipa e Filippo. Questo

---

[177] G. JOSSA, *Chi ha voluto la morte di Gesù? Il Maestro di Galilea e i suoi avversari*, cit., p. 9.
[178] G. FIRPO, *Le rivolte giudaiche*, cit., p. 35.

significa che all'epoca di Gesù, la Galilea, con le due successive capitali di Sepphoris e Tiberiade, era retta ancora dal sovrano erodiano e godeva quindi di una certa autonomia nei confronti di Roma. La Giudea, invece, con Gerusalemme e il Tempio, era governata direttamente dal prefetto romano, il quale però non era ivi residente, ma a Cesarea Marittima in Samarìa. A Gerusalemme, però, vi era una coorte romana di circa seicento uomini di stanza nella fortezza Antonia, situata a nord-ovest del Tempio. Per quanto riguarda l'aspetto non politico ma "etnico", la situazione era più complessa.

Una realtà articolata e complessa

Giuseppe Flavio, attesta che il Giudaismo dell'epoca era diviso in tre gruppi principali che egli definisce scuole o addirittura filosofie: i sadducei, i farisei e gli esseni. Lo storico aggiunge anche che al momento della riduzione della Giudea in provincia romana a questi tre gruppi se ne aggiunse un quarto, fondato da un "certo" Giuda il Galileo. Anche se, secondo Jossa, «lo storico Giuseppe Flavio ha semplificato enormemente la realtà giudaica, molto più articolata e complessa»[179], possiamo far riferimento a questi gruppi come ai più significativi nel Giudaismo del tempo. Lo studioso ci fornisce un'attenta descrizione:

> I *sadducei* costituivano il gruppo più aristocratico e conservatore, al quale aderivano in particolare, anche se non esclusivamente, i sacerdoti. Loro elemento di riferimento essenziale era la legge scritta, contenuta

---

[179] G. JOSSA, *Chi ha voluto la morte di Gesù? Il Maestro di Galilea e i suoi avversari*, cit., p.11.

nei libri del Pentateuco, attribuiti a Mosè. Diffidavano, invece, degli sviluppi successivi della tradizione (i vangeli ci ricordano, per esempio che non accettavano l'idea della risurrezione dei morti). Legati strettamente, per motivi di organizzazione del culto, ma anche economici (la gestione del tesoro del tempio), al sistema sacrificale del tempio di Gerusalemme, erano quasi sempre collusi con il potere politico romano che, come in tutte le regioni dell'impero, cercavano un punto d'appoggio. Essi erano pertanto ostili a ogni tentativo di rivolta antiromana, come pure ogni forma di messianismo popolare, e godevano di scarso seguito nella popolazione. I *farisei*, contro quella che è stata a lungo l'opinione più diffusa tra gli studiosi, erano invece il gruppo più vivo e innovatore. A carattere essenzialmente laico, reclutavano i loro membri principalmente dal popolo. Fedeli anch'essi prima di tutto alla legge mosaica di cui osservavano rigorosamente le norme [Giuseppe Flavio ricorda costantemente la loro "acribia" nella interpretazione della Legge ndr.], cercavano di fare osservare a tutto il popolo un'idea di santità intesa come "giustizia" e "separazione". Presso di loro aveva valore anche quella che veniva definita la tradizione dei padri, l'insegnamento cioè dei grandi maestri del passato, che dava luogo a una vera e propria legge orale accanto a quella scritta. Erano difensori tenaci della legge nei confronti dei romani, ma erano leali verso il governo erodiano, romano e diffidavano dai movimenti messianici, godevano di un seguito notevole del popolo, che nei loro maestri riconosceva le loro guide spirituali. Gli *esseni*, questi erano una setta, vivevano separati (Qumram) convinti di costituire il resto santo d'Israele in attesa dell'intervento definitivo di Dio a loro favore. La loro era una comunità di carattere monastico, governata da sacerdoti allontanatisi dal tempio e retta da precise e rigorosissime norme di vita[180].

Il sinedrio

Come abbiamo visto, al tempo di Gesù, la Galilea era governata da Erode Antipa e la Giudea dal prefetto romano. Ma sia il Nuovo Testamento sia Giuseppe Flavio attestano che per governo più diretto e concreto del popolo a Gerusalemme era tenuto dal sinedrio, un organismo composto da settanta uomini e presieduto dal Sommo Sacerdote. Quest'ultimo esercitava un potere notevole sulla popolazione, non solo a Gerusalemme:

> Sarà proprio questo organismo secondo i vangeli che condannerà Gesù e lo consegnerà a Pilato, quindi, per noi è importante sapere quale era in quel periodo la sua composizione[181].

Sia secondo Giuseppe Flavio sia secondo i Vangeli e gli Atti degli Apostoli, il sinedrio era composto da farisei e sadducei. I Vangeli ci dicono, però, che il sinedrio in particolare era composto dai sommi sacerdoti, dagli anziani e dagli scribi; tali categorie corrispondono nella sostanza ai sommi sacerdoti, capi del popolo, e ai primi farisei che Giuseppe Flavio considera come i reali detentori del potere. A loro spettava risolvere le situazioni particolarmente difficili sia nei conflitti

---

[180] *Ivi*, pp. 11-13.
[181] *Ivi*, p. 14.

tra i vari gruppi giudaici sia nei loro rapporti con il governo romano. Quindi, all'epoca di Gesù il potere

> ...per lo stretto legame tra religione e politica, era in mano soprattutto alla casta sociale dei sommi sacerdoti, prevalentemente sadducei, e alle figure più eminenti del gruppo fariseo, che la esercitavano congiuntamente all'interno del sinedrio[182].

L'esecuzione di Gesù per iniziativa dell'élite dirigente di Gerusalemme

Se si guarda con attenzione

> I Vangeli raccontano gli eventi di Gerusalemme in un modo per cui la condanna a morte di Gesù da parte del prefetto della Giudea Ponzio Pilato, è dovuta all'iniziativa dell'élite dirigente locale. Mentre il rappresentante del potere romano pare essere convinto dell'innocenza di Gesù e tenta ormai senza speranza di liberare l'accusato[183].

Inoltre, i Vangeli sembrano considerare colpevoli della messa a morte tutti i giudei in generale: in Giovanni la responsabilità è data ai giudei, e per contro Pilato ne verrrebbe sempre più assolto (in Matteo se ne lava le mani). A sostenerlo è J. Blinzer che sulla base delle sue analisi ritiene sostanzialmente veritiero il resoconto dei Vangeli:

> Chi si applica a giudicare il processo di Gesù in quanto evento storico-giuridico, quale esso si può ricostruire dai racconti evangelici della

---

[182] *Ivi*, p.15.
[183] W. STEGEMANN, *Gesù e il suo tempo*, cit., p. 419.

passione, giunge allo stesso risultato dei primi predicatori cristiani: la responsabilità principale che cade sui giudei....Se... tutto o almeno quasi tutto il sinedrio votò per la colpevolezza, si arriva a concludere che i giudici erano fortemente prevenuti nei confronti dell'accusato, e l'attitudine malevola dei sinedriti appare chiaramente nel successivo sviluppo degli eventi. Essi hanno accusato Gesù dinanzi al governatore romano come re dei giudei, cioè come pretendente al trono giudaico.... Riconoscendo che con l'accusa di bestemmia davanti al tribunale del governatore non avrebbero ottenuto nulla, essi diedero a questa una forma politica, benché non potessero ignorare che Gesù non aveva mai connesso alcuna idea di sovversione politica al suo ideale messianico....I giudei colpevoli constano di due gruppi: i membri del sinedrio e la massa dei manifestanti contro Gesù...L'inimicizia mortale contro Gesù dei circoli giudaici dominanti ha.....motivi egoistici di potere politico, nazionali e religiosi[184].

Un procedimento illegale

Stegemann ci informa della nuova versione di questa posizione di R.E. Brown. Brown parte dall'idea che la cosiddetta purificazione del Tempio fu il fattore scatenante della condanna di Gesù, avvenuta per iniziativa delle autorità religiose giudaiche[185]. Stegemann ragiona così sul resoconto di Marco:

Marco descrive un procedimento illegale e non ufficiale contro Gesù, che soltanto il mattino seguente, dopo cattura e interrogatorio notturni

---

[184] J. BLINZER, *Il processo a Gesù*, Paideia, Brescia 1996, p. 447.
[185] W. STEGEMANN, *Gesù e il suo tempo*, cit., p. 419.

sfocia in una delibera ufficiale (*Mc.* 15,1). Il gruppo giudaico progetta l'annientamento di Gesù, si allea in un complotto con un membro del suo movimento e manda una schiera di uomini armati a catturare nottetempo Gesù. La squadra porta Gesù a casa del sommo sacerdote non nel locale dove si tengono le riunioni ufficiali del tribunale supremo[186].

Nella casa del Sommo Sacerdote si riuniscono i membri dell'élite giudaita e i falsi testimoni per preparare una denuncia a Pilato:

> Poiché i testimoni non producono nessuna testimonianza utilizzabile, il sommo sacerdote cerca con un interrogatorio di Gesù di raccogliere da sé munizioni da usare contro di lui. Anche questo interrogatorio appare una chiara manovra nel corso del quale il sommo sacerdote costruisce un grave crimine di Gesù. Egli si strappa le vesti a indicare che nella risposta di Gesù alle sue domande vi sia una bestemmia[187].

La natura di questa bestemmia resta però di difficile interpretazione: contro Dio, o perché Gesù si professa unto, il figlio dell'uomo che ritorna? Per Stegemann è evidente che in questo interrogatorio del sinedrio: ‹‹si cerca un pretesto per poter accusare Gesù davanti al governatore romano›› [188]. Interessante è anche la prospettiva di Ratzinger: ‹‹Gesù si era dichiarato messia, aveva quindi preteso per sé la dignità regale…la rivendicazione della regalità messianica era un reato politico, che dalla giustizia romana doveva essere punito›› [189].

---

[186] *Ivi*, p. 431.
[187] *Ivi*, p. 432.
[188] *Ibidem.*
[189] J. RATZINGER, *Gesù di Nazaret. Dall'ingresso in Gerusalemme fino alla risurrezione*, cit., p. 206.

Il ruolo di Pilato

Dei racconti evangelici si sottolinea sempre più l'atteggiamento assolutorio di Pilato nei confronti di Gesù:

> Pilato parla esplicitamente di Gesù come di un giusto e lo ritiene evidentemente innocente, perché poi avrebbe ceduto a condannare un innocente? I sommi sacerdoti minacciano Pilato di accusarlo davanti all'imperatore[190].

Anche per Ratzinger

> Pilato sapeva che Gesù era da prosciogliere...più importante della verità del caso è la forza pacificante del diritto, questo fu forse il suo pensiero... Un'assoluzione di un innocente poteva recare danno non solo a lui personalmente ma poteva anche provocare ulteriori dispiaceri e disordini[191].

Aggiunge Stegemann:

> Pilato non vede nessun motivo d'accusa...Nel primo dialogo tra Pilato e i sommi sacerdoti, questi non nominano infatti alcun concreto elemento d'accusa contro Gesù. Sono venuti da Pilato perché vogliono l'esecuzione di Gesù, non avendo essi la competenza per condannare a morte qualcuno. Le accuse però avrebbero dovuto essere dibattute secondo il diritto giudaita...ma le autorità giudaite competenti (i sommi sacerdoti) volevano che Gesù fosse condannato a morte; per questo fecero intervenire il rappresentante di Roma, il solo ad avere la facoltà di mettere a morte. Il prefetto romano resistette piuttosto a lungo

---

[190] W. STEGEMANN, *Gesù e il suo tempo*, cit., p. 434.
[191] J. RATZINGER, *Gesù di Nazaret. Dall'ingresso in Gerusalemme fino alla risurrezione*, cit., p. 225.

all'intento omicida dei sommi sacerdoti, ma quando questi ultimi indirettamente lo minacciarono di denunciarlo davanti all'imperatore alla fine cedette: "da quel momento Pilato cercava di liberarlo. Ma i giudaiti gridavano e dicevano: Se liberi costui non sei amico dell'imperatore; chiunque si faccia re si oppone all'imperatore. (*Gv.* 19,12)[192].

Sulla stessa linea è Di Palma:

Il *praefectus Iudaeae* era investito di *imperium*, che comprendeva anche la *coercitio*, a cui era legato il potere di mettere a morte coloro che si erano macchiati di crimini particolarmente gravi, in primo luogo il *crimen lesae maiestatis*. Pilato seguì la prassi del rito processuale detto della *cognitio extra ordinem*, usato nelle province e caratterizzato dall'ampia discrezionalità del funzionario d'inquisire, interrogando accusatori e imputato e valutando monocraticamente le prove. L'interrogatorio mira a suscitare non già la confessione di un reato commesso, bensì una dichiarazione da cui far emergere indizi di prova, poiché la confessione nell'ordinamento processuale romano, non aveva sufficiente valore probatorio. Di conseguenza, sentiti i fatti dai *delatores* ed edotto dei capi d'accusa prodotti dai sommi sacerdoti, non si può essere sorpresi dal convincimento di Pilato circa l'innocenza di Gesù[193].

---

[192] W. STEGEMANN, *Gesù e il suo tempo*, cit., pp. 436-437.
[193] G. DI PALMA, *Sei tu il Cristo? Tra Gesuologia e Messianicità*, cit., pp. 233-234.

Il sinedrio voleva impedire l'esecuzione di Gesù?

Chaim Cohn, storico del diritto, in passato giudice della Corte Suprema dello Stato d'Israele, per circa vent'anni si è occupato del tema delle circostanze storiche della vicenda di Gesù. Sulla base delle sue ricerche di storia del diritto, egli giunge a sostenere che si debba capovolgere ciò che i vangeli tendono ad affermare. Con queste parole argomenta la sua posizione:

Centinaia di generazioni di ebrei sono stati puniti in tutto il mondo cristiano per un delitto che né loro né i loro antenati hanno mai commesso. Peggio ancora, per centinaia, o piuttosto per migliaia di anni, essi sono stati costretti a sopportare ogni forma immaginabile di supplizi, di persecuzioni e umiliazioni a motivo della supposta partecipazione dei loro antenati al processo e alla crocifissione di Gesù, anche se la pura verità è che i loro antenati non vi ebbero parte alcuna ma fecero tutto ciò che è umanamente possibile per preservare Gesù, che amavano di cuore e veneravano come uno di loro, dalla sua fine tragica per mano degli oppressori romani. Se mai si può trovare una briciola di consolazione per questa perversione di giustizia, è solo nelle parole di Gesù stesso: "Beati coloro che sono perseguitati a causa della giustizia, perché loro è il regno dei cieli"[194].

---

[194] C. COHN, *Processo e morte di Gesù. Un punto di vista ebraico*, Einaudi, Torino 2002, p. 406.

A questi studi, Cohn si è avvicinato su istanza di pastori protestanti di tutto il mondo che chiedevano alla Suprema Corte di giustizia dello Stato d'Israele di riprendere il processo contro Gesù. Volevano che si facesse luce sul tragico errore giudiziario. La riapertura del processo non ebbe mai luogo, poiché Cohn afferma e dimostra che davanti al sinedrio non vi era stato alcun processo: «la Sanhedrin che si riunì quella notte nella casa del sommo sacerdote non sottopose Gesù a processo né svolse serie indagini preliminari»[195]. Egli non nega che in quell'occasione il sinedrio si sia riunito, ma a suo parere con intenti opposti a quelli che siamo abituati a pensare sulla base dei vangeli. Per salvare Gesù, non per abbandonarlo alla crocifissione:

> Quel che vorrei sostenere è che l'intero gruppo dirigente giudaico può aver avuto interesse vitale per una cosa sola: impedire la crocifissione a un giudeo ad opera dei romani, soprattutto di un giudeo che godeva dell'amore e della simpatia del popolo[196].

Un'ipotesi minoritaria

Alcuni degli argomenti di Cohn sono condivisi dagli altri studiosi, soprattutto sul fatto che davanti al sinedrio non vi fu alcun processo, mentre di rado è condivisa la tesi positiva di Cohn secondo cui il Sommo Sacerdote e il Sinedrio volessero salvare Gesù dalla crocifissione romana. Anche Heinze Kremers è convinto che la crocifissione fu

---

[195] *Ivi*, p. 145.
[196] *Ivi*, p.156.

esclusiva colpa dei romani e che i giudei non siano nemmeno corresponsabili:

> In ciò i giudei non hanno nessuna parte della colpa. Anche il sommo sacerdote, al quale si può rimproverare una corresponsabilità nella morte di Gesù, voleva forse...indurre Gesù a ritirare la sua dichiarazione messianica per salvarlo in tal modo dai romani, e solo in una condizione di acuta emergenza morale lo consegnò ai romani, credendo di poter soltanto così risparmiare al suo popolo un bagno di sangue, la deportazione e la fine del tempio[197].

I libri neotestamentari come interpretazione dei fatti

Secondo il racconto dei Vangeli, i veri responsabili della morte di Gesù furono il Sinedrio e il popolo giudaita, come informa l'evangelista Giovanni:

> A questo addebito all'élite locale e al popolo nel suo complesso è connessa direttamente l'assoluzione di Ponzio Pilato, poiché è vero che questi ordina la crocifissione ma lo fa manifestamente contro la sua convinzione dell'innocenza di Gesù e della pressione della folla del sinedrio. Questa combinazione di eventi è palesemente in funzione di un interesse apologetico dei vangeli[198].

---

[197] H. KREMERS, *Die Passionsgeschichten*, Aachen Sthor (ed.), *Exodus und Kreuz im okumenischen Dialog Zwischen Juder und Christen*, Aachen 1978, p. 72.
[198] W. STEGEMANN, *Gesù e il suo tempo*, cit., p. 430.

Secondo questa versione le rappresentazioni del Sinedrio e di Pilato si condizionano reciprocamente al sol fine apologetico. Stegemann duramente argomenta:

> Nel modo in cui i vangeli raffigurano Pilato non è in questione quindi la sua discolpa o un'apologia di Roma, bensì la discolpa di Gesù dalle accuse di sedizione antiromana e quindi un'apologia dei credenti in Cristo in senso pragmatico testuale[199].

Stegemann fa notare che la fine di Gesù a Gerusalemme è narrata nel Nuovo Testamento in versioni differenti.

> Le si potrebbe chiamare "dichiarazioni" che danno un nome alla morte o all'esecuzione di Gesù e le interpretano. In questi testi vengono alla luce tendenze significative dell'interpretazione dell'evento storico[200].

Una colpa collettiva?

Egli analizza alcuni passi del Nuovo Testamento, in particolare la prima *Lettera ai Tessalonicesi* di Paolo:

> Infatti voi, fratelli [i credenti in Cristo di Tessalonica], siete diventati imitatori delle comunità di Dio in Cristo Gesù della Giudea, perché avete sofferto anche voi ad opera dei vostri connazionali come anche loro ad opera dei giudaiti, i quali hanno anche messo a morte il Signore Gesù e i profeti e ci hanno perseguitato e non piacciono a Dio e sono nemici di tutti gli uomini; ci impediscono di parlare alle nazioni,

---

[199] *Ivi*, p.433.
[200] *Ivi*, p.425.

affinché siano salve, per completare sempre i loro peccati. Ma l'ira è giunta su di loro sino alla fine[201].

Se non si tratta di una interpolazione posteriore della lettera paolina, questo passo potrebbe essere la più antica attestazione letteraria dell'imputazione collettiva a i giudei della colpa della morte di Gesù. La critica storica ha sollevato qualche dubbio circa l'autenticità dei vv. 15 e 16, l'attribuzione paolina è messa in discussione dalla presenza di quelli che appaiono pregiudizi antigiudaici che sembrano formulati da una prospettiva posteriore alla distruzione del Tempio del 70 d.C.

D'altra parte, questo passo della lettera paolina non viene considerato esclusivamente come affermazione della colpa globale giudaita nell'uccisione di Gesù. Esso viene anche addotta come riscontro per la partecipazione giudaica alla morte di Gesù. Infatti Reinbol che sostiene la tesi della partecipazione, corregge e interpreta l'affermazione paolina in questo senso: «Per la verità i giudei non hanno ucciso loro stessi Gesù, ma nella sua esecuzione ad opera del prefetto romano ne sono stati la forza motrice»[202]. Per Stagemann

…questa interpretazione che mitiga il testo paolino dobbiamo leggervela noi, dal momento che in essa non vi è scritto questo. È quindi da sospettare che la riduzione della chiara affermazione di Paolo a una partecipazione miri a salvare la manifesta erroneità storica dell'affermazione paolina sulla base di altre informazioni postume, ossia i vangeli[203].

---

[201] I Tess. 2, 14-16.
[202] W. REINBOLD, Der Prozess Jesu, Gottingen 2006, p. 130.
[203] W. STEGEMANN, Gesù e il suo tempo, cit., p. 427.

Se però questa lettera è scritta ai credenti in Cristo di Tessalonica almeno venti/venticinque anni prima della comparsa del Vangelo più antico, si deve senz'altro supporre che i destinatari non conoscessero ancora, diversamente da noi, i Vangeli:

> Per il metodo, l'interpretazione del versetto nel senso di una partecipazione giudaica all'uccisione di Gesù è quindi un'interpretazione a posteriori correttiva ad opera di interpreti moderni. Non è quindi possibile evitare di leggere questo versetto paolino come affermazione polemica e non come descrizione storica dei fatti[204].

Va aggiunto che anche se l'interpretazione moderna del testo paolino fosse esatta, non proverebbe con certezza la partecipazione del popolo giudaita all'esecuzione. Stegemann fa un'importantissima considerazione dal punto di vista della metodologia della ricerca storica:

> Ciò che in ogni caso sarebbe dimostrato è che in cerchie cristiane questa partecipazione fu affermata relativamente presto, ma non che questa affermazione corrisponda ai fatti storici. Questo argomento, ribadisce un quesito fondamentale delle analisi storiche, non si devono scambiare *affermazioni* su eventi per gli eventi stessi[205].

A questo proposito è interessante anche un'osservazione di Giorgio Jossa sul perenne contrasto di Gesù con i farisei, tema al centro dei Vangeli canonici:

> I contrasti di Gesù col fariseismo di cui sono pieni [affermano] i vangeli canonici non rispecchiano la realtà storica di Gesù, che è quella degli

---

[204]*Ibidem.*
[205]*Ibidem.*

anni venti, ma [affermano] soltanto quella degli autori dei vangeli, che scrivono negli anni tra il 70 e 100. Il contesto storico nel quale essi scrivono è quello della nascita del giudaismo rabbinico, erede di quello farisaico, è tale contesto che spinge gli evangelisti a [ad affermare] proiettare al tempo di Gesù una realtà che è invece quella del giudaismo successivo al 70[206].

I fatti relativi alla morte di Gesù secondo il criterio della plausibilità storica

I vangeli sono i soli a fornire un resoconto degli eventi che portarono alla morte di Gesù: «le tendenze che si manifestano in tutti e quattro i vangeli si ripercuotono sulla esposizione degli eventi, rendendo difficile risalire direttamente dai testi neotestamentari ai fatti storici»[207]. La storia delle interpretazioni mostra inoltre come i tentativi di trarre dai Vangeli conclusioni relativamente alle circostanze storiche della crocifissione, si scontrino con gravi problemi e conducano a risultati differenti. Come abbiamo precedentemente detto, la *Terza ricerca* fa un uso prevalente della plausibilità storica. G. Theissen sostiene che

> …in esso si esige il contrario di ciò che richiedeva il precedente criterio della differenza: quello che non può essere derivato dal giudaismo del tempo, verosimilmente non è storico. In altre parole: Gesù può aver

---

[206] G. JOSSA, *Chi ha voluto la morte di Gesù? Il Maestro di Galilea e i suoi avversari*, cit., p. 26.
[207] W. STEGEMANN, *Gesù e il suo tempo*, cit., p. 439.

detto e fatto soltanto quello che un carismatico giudeo del I sec. avrebbe potuto dire e fare[208].

Stegemann, tenendo conto di ulteriori dati storici, capovolge il procedimento inferenziale tradizionale che dai testi neotestamentari risale alla situazione storica. Ma partendo dal quadro generale fornito dalla storia del diritto e della società, si chiede quale sia stato il percorso plausibile preso dagli eventi nella vicenda dell'esecuzione di Gesù, trattando casi analoghi, e passando in rassegna i possibili svolgimenti dei fatti.

Il caso simile di Gesù figlio di Anania

Come caso analogo alla sorte di Gesù di Nazareth, non di rado si cita un racconto di Giuseppe Flavio nel suo scritto sulla guerra giudaita (*Bell*.6,300-309). Giuseppe narra di tale Gesù ben Anania, presentato come bifolco proveniente dalla campagna. Questo Gesù, venuto a Gerusalemme per la festa dei tabernacoli, si era messo a gridare senza sosta minacce di disgrazia su Gerusalemme e sul Tempio. Alcuni cittadini influenti lo fecero prendere e fustigare, ma il profeta ripeteva il suo grido di minaccia: "una voce da oriente, una voce da occidente, una voce dai quattro venti, una voce contro Gerusalemme e il tempio, una voce contro sposi e spose, una voce contro il popolo tutto!" (*Bell*.6,301).

---

[208] G. Theissen, *Il Gesù storico. Un Manuale,* cit., pp.151-152.

Il profeta dunque predice la fine di Gerusalemme e la distruzione del Tempio, addirittura la catastrofe giudaita[209].

L'*élite* dirigente consegna il personaggio al governatore romano, non senza averlo prima sottoposto a interrogatorio (*Bell*.6,303):

> Ci si sarebbe potuti aspettare che l'élite dirigente riconoscesse l'innocuità di questo profeta e lo lasciasse andare. Essi, invece, giudicano il suo comportamento come un'escalation e lo interpretano come forma di ribellione antiromana, per questo lo conducono davanti al procuratore. I membri dell'élite non sanno se questo Gesù ben Anania sia uno di quei "profeti di segni", ossia quei demagoghi profeticamente ispirati che sono causa di disordini, come Teuda negli Atti degli Apostoli, ma la loro comparsa poteva essere interpretata dalla potenza romana come inizio della rivolta[210].

Una sedizione antiromana?

I profeti di segni avevano un seguito, anche armato, e questo poteva essere interpretato come sedizioso. Gesù ben Anania fu portato dai membri dell'*élite* davanti al procuratore romano, dove fu torturato brutalmente (*Bell*.6,304). È da notare che Gesù ben Anania non aveva alcun seguito. Per Stegemann:

> Questo esempio è per molti aspetti istruttivo riguardo alle vicende di Gesù di Nazaret. Spiega plausibilmente com'egli sia potuto facilmente risultare sospetto ai romani. A confronto con Gesù di Nazaret, i motivi

---

[209] W. STEGEMANN, *Gesù e il suo tempo*, cit., p. 440.
[210] *Ivi*, p. 441.

di sospetto riguardanti Gesù ben Anania paiono relativamente innocenti. Se infatti si può partire dalla premessa che Gesù di Nazaret

1. raccolse dietro di sé un gruppo di seguaci;

2. proclamò, l'instaurazione imminente della sovranità di Dio;

3. operò segni;

4. fece un ingresso regale a Gerusalemme e da re davidico venne salutato;

5. compiendo il gesto del tempio, come re di giudea avanza il diritto sul tempio;

6. fu catturato come agitatore (lestes);

7. venne condannato alla crocifissione dal procuratore romano;

8. fu giustiziato con altri agitatori come re dei giudaiti.

Vi è qui una serie di indizi che fanno apparire non assurda, dal punto di vista delle autorità, la supposizione di una rivolta antiromana[211].

L'ipotesi di Stegemann è dunque che Gesù di Nazareth fu sospettato di sedizione antiromana e che in particolare fu collegato ad una rivendicazione del trono giudaita. Il cosiddetto incidente del tempio (*Mc.* 11,15-19) fu forse il momento all'origine della sua cattura e delle conseguenze che ne nacquero. Un'interessante prospettiva sull'argomento la fornisce Giorgio Jossa:

---

[211] *Ivi*, pp. 442-443.

Il motivo del contrasto con i governanti del tempo non sta infatti nella mancata osservanza della legge mosaica (come abbiamo già visto) da parte di Gesù, ma nella ma nella critica al sistema del tempio, tale critica colpiva direttamente le autorità sacerdotali giudaiche, ma indirettamente infastidiva anche l'autorità politica romana. L'elemento decisivo che ha causato la sua condanna a morte è l'episodio della purificazione del tempio, accompagnato dalla previsione minacciosa della distruzione. La condanna a morte di Gesù scaturisce dalla collusione dei sommi sacerdoti col prefetto romano[212].

Spesso si obietta che il movimento di Gesù, per essere considerato una minaccia politica, avrebbe già dovuto avere una fisionomia militare. Mentre era noto il carattere profetico della protesta. Molto laconico, deciso ed esaustivo a riguardo è Sanders: ‹‹un uomo che parlava di regno, che parlava contro il tempio e che aveva seguaci, era destinato ad essere giustiziato››[213]. Stegemann rincara la dose, bisogna

…chiedersi se Gesù e il suo movimento siano stati una reale minaccia per i romani sia una questione che dal punto di vista loro abbia dimensioni diverse da quelle che immaginiamo noi oggi. Quando si discute se Gesù sia stato realmente un rivoltoso antiromano o se venne giustiziato solo perché così lo si considerava, si deve senz'altro distinguere tra il nostro modo di vedere e quello di chi fu storicamente presente. Quello che la potenza occupante romana e la dirigenza locale a essa soggetta considerarono "un primo passo" verso la rivolta è da

---

[212] G. JOSSA, *Chi ha voluto la morte di Gesù? Il Maestro di Galilea e i suoi avversari*, cit., pp. 26-27.
[213] E.P. SANDERS, *Gesù e il giudaismo*, Marietti, Genova 1992 p. 295.

pensare che sia considerevolmente diverso dalla nostra prospettiva (o interpretazione) posteriore[214].

La ripartizione (plausibile) delle responsabilità fra l'amministrazione romana e quella locale.

Hengel afferma che

...il potere di Roma in Giudea sottopose Gesù a un breve processo e lo condannò a morte. La crocifissione era la pena capitale che Roma aveva previsto per i ceti inferiori e nelle province per i nemici reali o apparenti, Nei territori colonizzati colpiva rivoltosi veri o presunti appartenenti alla gente comune, e per i malfattori significava una fine non soltanto straziante ma anche estremamente infamante (*mors turpissima crucis*)[215].

Come abbiamo visto da casi analoghi, è senz'altro possibile che l'*élite* del paese contribuisse ad imporre la disciplina alla propria popolazione. Secondo Stegemann

...nel senso di funzione di polizia coercitiva agivano per il potere romano. Entro certi limiti essi erano anche autonomi nell'esercizio della giustizia, soprattutto per le controversie che oggi si definirebbero di diritto privato [...] anche le competenze precise del sinedrio non sono chiare. La dipendenza del sommo sacerdote da Roma risulta chiara soprattutto dal suo insediamento e dalla sua deposizione ad opera di Roma; addirittura la veste del sommo sacerdote era conservata dai

---

[214] W. STEGEMANN, *Gesù e il suo tempo*, cit., p. 444.
[215] M. HENGEL, *La crocifissione nell'antichità*, Paideia, Brescia 1988, p. 125.

romani e veniva da loro messa a disposizione soltanto nei giorni di festa[216].

Nei dibattiti fra gli storici si è frattanto imposta la convinzione che anche per i governatori posteriori valga quanto afferma Giuseppe Flavio per Caponio, primo governatore della giudea romana: lo storico riporta che questi avrebbe ricevuto pieno potere dall'imperatore, anche quello di mettere a morte (*Bell.* 2,117). Per contro, né al Sommo Sacerdote né al Sinedrio era consentito ciò, e lo conferma l'esecuzione di Giacomo fratello del Signore. Essa avvenne su ordine di Anano, approfittando di un periodo di sede vacante della prefettura, ma gli costò la deposizione dalla carica. La vicenda mostra anche che la stessa convocazione del Sinedrio necessitasse dell'approvazione del governatore romano (*Ant.* 20, 200-203). Stegemann, sulla base dell'attribuzione delineate delle competenze, conclude in tre punti:

1. La delibera della crocifissione di Gesù fu totalmente in mano al potere romano. In quanto non cittadino romano, non aveva diritto a un regolare processo giudiziario, si deve pensare che Gesù sia stato condannato alla crocifissione dal prefetto con un procedimento poliziesco militare (*coercitio*) che era adottato in particolari casi di mantenimento della quiete e dell'ordine e quando non ostavano i diritti personali individuali degli accusati, come sarebbe stato se Gesù fosse stato romano. Ma anche se vi fosse stato un regolare processo per la responsabilità della crocifissione non cambia nulla, e questo procedimento fa pensare a ragioni che presuppongono una qualche forma di sedizione antiromana.

---

[216] *Ivi*, pp. 444-445.

2. In generale è possibile che a Gerusalemme Gesù sia stato catturato nel corso di un tumulto da soldati romani, condotto immediatamente davanti al comandante romano senza istanze dell'amministrazione giudaita, condannato a morte e crocifisso con altri ribelli/banditi (*lestai*). Un esempio vivido di questo genere è descritto negli Atti degli apostoli (Atti 21,27 ss.). A causa di Paolo scoppia nel tempio un tumulto, le truppe catturano Paolo, ma egli si fa riconoscere come cittadino romano, col che ha inizio un lungo procedimento giudiziario al termine del quale Paolo viene inviato a Roma. Si tratti o non di un racconto veritiero di quanto storicamente accadde a Paolo, l'esempio dà per scontato che nessuna istanza dell'amministrazione autonoma del paese sia fatta intervenire.

3. La partecipazione di istanze giudaite è possibile ma si deve escludere un vero processo del sinedrio. Già la riunione di quest'organo avrebbe avuto richiesto il permesso dei superiori funzionari e in nessun caso avrebbe potuto essere un procedimento capitale. Per aver senso, l'intenzione di mettere a morte Gesù che i vangeli attribuiscono all'élite giudaita, se quello davanti al sinedrio fu un procedimento legale avrebbe dovuto esplicarsi direttamente nella denuncia o nel rinvio di Gesù davanti al prefetto romano. A questo scopo sarebbe stato sufficiente un interrogatorio preventivo ad opera del sinedrio come nel caso di Gesù ben Anania.

In ogni caso è anche plausibile una partecipazione dell'élite nel quadro di una cattura in vista di una misura coercitiva subordinata, in conformità e circoscritta alla loro competenza locale e non nell'ambito capitale e di misure giudiziarie.

Su questa base, non è escluso che nel caso di Gesù di Nazaret, il sinedrio, proprio per evitare a Gesù ulteriori conseguenze abbia preso misure riguardanti la sua competenza e solo dopo il fallimento di queste lo abbia inviato al governatore[217].

La conclusione di Stegemann è esemplare per chiarire la complessità di tutto "il problema Gesù storico". Egli infatti conclude in questo modo la sua riflessione: ‹‹che cosa poi nell'ambito di tutte queste possibilità realmente sia accaduto a Gerusalemme, non lo si saprà mai››[218].

---

[217] *Ivi*, pp. 445-446.
[218] *Ivi*, p. 447.

CONCLUSIONI

Dal lavoro svolto cerchiamo fin dove è possibile di trarre alcune conclusioni. Esse non potranno certo essere definitive, ma ci danno la possibilità di evidenziare fin dove lo stato della ricerca tendenzialmente converge. Ovvero se si possano evidenziare alcuni punti in comune dei vari filoni di ricerca, e quali spunti trarre per la ricerca futura dove invece non c'è accordo fra gli studiosi.

Dai modelli esaminati, linea univoca di tendenza sembra oggi la consapevolezza, condivisa da tutti gli ambiti di ricerca, dell'appartenenza quasi indubitabile di Gesù al giudaismo. Abbiamo visto che in alcuni casi, un modello di ricerca per avere dignità di attenzione nell'ambito scientifico non può prescindere da tale riconoscimento. È comunemente condiviso che Gesù fu un ebreo, viveva, agiva e insegnava entro i limiti dell'ebraismo. Resta da discutere se Gesù fosse un ebreo/giudeo ligio alla Legge mosaica o un giudeo ai margini della Legge, ma ciò che emerge dai modelli di ricerca è che egli fu comunque ebreo.

A questa opinione condivisa, come abbiamo visto, si è arrivati in primo luogo scremando quanto più possibile dalla ricerca le aprioristiche convinzioni di approccio, le quali altro non estrapolavano dalla ricerca se non il Gesù secondo i desideri degli studiosi; in secondo luogo si è arrivati a ciò anche grazie a un enorme ampliamento delle fonti. Come abbiamo notato, le prime epoche della ricerca erano fossilizzate su un'impostazione della ricerca prettamente letteraria, oggi invece, molto di aiuto alla ricerca sono tutte le discipline delle scienze sociali, quali l'archeologia, l'antropologia culturale, la sociologia. Grazie a questo processo, il Gesù storico non è più solo ed esclusivamente frutto di un lavoro filologico, perché il Nostro non viene fuori solo dalla ristrettezza di un testo, ma emerge dalla complessità, e quanto più possibile totalità, del suo contesto, compreso quello letterario.

La ricerca storica, però, come tutte le attività scientifiche, non può mai giungere a conclusioni definitive: è destinata ad un continuo *working in progress*. Non fa eccezione il problema del Gesù storico che rimane in maniera particolare senza soluzione e oggetto di dispute virtualmente infinite. Abbiamo visto che le ricostruzioni su Gesù, seppur con l'ampliamento delle fonti, si basano anche su interpretazioni di testi, quindi su una potenziale varietà di modi di comprenderli, su molteplici interpretazioni della semantica delle loro parole e dei loro sintagmi. Nel nostro caso abbiamo visto quante interpretazioni vi siano del sintagma "Regno di Dio", abbiamo analizzato le interpretazioni politiche, teologiche, spiritualizzanti.

Ciò significa che il gioco linguistico delle interpretazioni dei testi biblici non si lascia oggettivare, e neppure limitare e concludere definitivamente. L'esegesi dei testi biblici si trova in un processo di negoziazione permanente circa il loro significato e può sempre giungere soltanto a conclusioni provvisorie. In quanto impresa che dipende fondamentalmente dall'interpretazione di testi (biblici), la ricerca storica su Gesù solo provvisoriamente può portare a conclusioni (soggettivamente) soddisfacenti. Abbiamo visto che, contro quella che si potrebbe definire l'opinione comune, l'ostacolo decisivo della conoscenza pura del Gesù storico non è la fede: il problema è piuttosto che la scienza storica non è in grado di pervenire a rappresentazioni oggettive dei suoi soggetti storici, bensì sempre soltanto a interpretazioni. In breve, il Gesù storico è il risultato, il prodotto di un lavoro di ricerca che si svolge sempre alla luce di ipotesi determinate, di prospettive condizionate culturalmente e storicamente e di presupposti e capacità soggettive.

Nella ricerca del Gesù storico noi troviamo dunque, come abbiamo visto, soltanto il Gesù prodotto discorsivamente dagli studiosi, e non – come ricordato da Meier – il Gesù reale, un fenomeno del linguaggio, un essere artificiale. Da rilevare che, in quanto tale, egli non dovrebbe e non può diventare un'istanza della fede o un fondamento teologico ultimo, poiché oggi come in passato, si tende a credere che i risultati della ricerca storica su Gesù possano e debbano assolvere la funzione di fondazione ultima. Invece egli resta di necessità un'entità relativa e provvisoria, prodotta soggettivamente e discorsivamente. Ma si deve anche accennare al fatto che le azioni di salvataggio, ossia i tentativi di conciliare la fede con la ricerca storica sono destinati a fallire, perché bisogna fare attenzione a non confondere la domanda posta nell'introduzione ("…e voi chi dite che io sia?"), cioè la domanda su chi *fosse* Gesù, con la risposta alla domanda teologico-esistenziale su chi *sia* Gesù. Nessuna costruzione o ricostruzione storica può dare una risposta alla domanda su chi sia oggi Gesù per la Cristianità. A questa domanda dà una risposta la teologia, non la ricerca storica. La ricerca storica su Gesù non può essere un sostituto né una forma della fede, una sorta di forma scientifica di fede, conciliata con la forma del sapere del tempo moderno. Scienza e fede possono comunicare, ma non devono mai confondersi. Sta alla coscienza del singolo individuo valutare la compatibilità dei dati della ricerca storica con quelli della fede, tenendo presente che i primi non possono che essere provvisori. La ricerca può inoltre fornire al credente strumenti importanti per l'approfondimento e la comprensione della sua fede.

Nonostante tutti i suoi limiti, la questione storico-critica deve essere quindi sempre riproposta e raffinata scientificamente. È proprio dai suoi limiti che la ricerca deve trovare lo stimolo del rilancio, senza pregiudizi, quanto più possibile secondo la plausibilità storica. Nel presente lavoro, si è dato un esempio di tale metodologia nella questione della morte di Gesù a Gerusalemme. Si è cercato di porre in evidenza metodologie e ipotesi tendenti verso l'una o l'altra parte (il Sinedrio e l'Impero romano), e forse è emerso in filigrana il preconcetto di partenza nel voler evidenziare le responsabilità di una delle due parti in causa. Andando al di là di una tesi precostituita, si è cercato di analizzare uno svolgimento plausibile dei fatti, cioè secondo quello che "poteva veramente" succedere in quel tempo, e forse è questa la metodologia di ricerca a cui guardare per il futuro.

Un altro punto interessante analizzato nel lavoro è la categoria etnica per il giudaismo. Per la ricerca questo orizzonte si sta aprendo da poco, ma forse merita un accenno per la possibilità di aprire nuove prospettive che sicuramente produrranno cambiamenti notevoli nel nostro modo di comprendere il giudaismo, e quindi anche il Gesù storico e il suo movimento. Abbiamo visto che la concezione, finora considerata scontata, del giudaismo antico come religione, oggi perde sempre più plausibilità ed è sul punto di essere sostituita con la più adatta categoria di etnicità. Una categoria "moderna", quella religiosa, che abbiamo visto essere applicata in maniera anacronistica ad un concetto antico. Le conseguenze dell'applicazione al giudaismo antico del modello di etnicità, in luogo del modello di religione, non sono ancora prevedibili. Nel registro del modello di etnicità, gli elementi delle etnie antiche, fin qui interpretati in termini religiosi, diventano uno degli ambiti di un'entità etnico-culturale più generale.

Concezioni come queste forse introdurranno cambiamenti capaci di incidere sul linguaggio dell'analisi del giudaismo. Al tempo stesso, forse, il modello di etnicità porterà con sé cambiamenti destinati a durare anche per l'interpretazione di Gesù. Il cambiamento di paradigma, qui solo accennato, fonderà forse una nuova epoca della ricerca su Gesù? Siamo agli albori della quarta ricerca? Questo non si sa, ma sicuramente la millenaria domanda ‹‹e voi chi dite che io sia?›› continuerà ad appassionare e – di conseguenza – ad alimentare discussioni e polemiche che porteranno sempre a nuove scoperte e paradigmi.

BIBLIOGRAFIA

ARENDT H., *Sulla rivoluzione*, Einaudi, Torino 2006.

ARENDT H., *Vita activa. La condizione umana*, Bompiani, Milano2009.

AUERBACH E., *Mimesis. Il realismo nella letteratura occidentale, II vol.*, Einaudi, Torino 1991.

BLINZER J., *Il processo a Gesù*, Paideia, Brescia 1996.

BORNKAMM G., *Gesù di Nazareth*, Paoline editoriale libri, Torino 2005.

BULTMANN R., *Il rapporto tra il messaggio di Cristo del cristianesimo primitivo e il Gesù storico* in *Exegetica I*, Marietti, Torino 1971.

BULTMANN R., *Gesù*, Queriniana, Brescia, 1972.

BULTMANN R., *Teologia del Nuovo Testamento*, Queriniana, Brescia 1985.

CARTLEDGE P., *Die Griechen and wir*, Stuttgart-Weimar 1998.

COHN C., *Processo e morte di Gesù. Un punto di vista ebraico*, Einaudi, Torino 2002.

CROSSAN J.D., *Der historische Jesus*, Monaco 1994.

CRUSEMANN F., *La torà. Teologia e storia sociale della legge dell'Antico Testamento*, Paideia, Brescia 2008.

DI PALMA G., *Sei tu il Cristo? Tra Gesuologia e Messianicità*, Herder Miscellanea Francescana, Roma 2005.

DERRET J., *Law in the New Testament: The Palm Sunday Colt*, in *Novum Testament* 13, 1971.

DUNN J.D.G., *Cambiare prospettiva su Gesù*, Paideia editrice, Brescia 2011.

DUNN J.D.G., *Gli albori del cristianesimo, I. La memoria di Gesù.* Edizioni Pideia, Milano 2003.

DUNN J.D.G., La *memoria di Gesù. Fede e Gesù storico,* Paideia, Brescia 2006.

FENEBERG R., *Die Erwahlung Israel und die GemeindeJesu Christi. Biographie und TheologieJesuimMatthausevangelium,* Freiburg 2009.

FIRPO G., *Le rivolte giudaiche*, Edizioni Laterza, Roma Bari 1999.

FOUCAULT M., *Le parole e le cose. Un'archeologia delle scienze umane,* Rizzoli, Milano 1967.

HARNACK A., *L'essenza del cristianesimo*, Queriniana, Brescia 2003.

HARRIS W.V., *Lettura e istruzione del mondo antico,* Laterza, Roma-Bari 1991.

HEININGER B., *Das ‹‹Kronigreich des Vaters››. ZurRezeption der BaileiaverkundigungJesuimThomasevangelium*: Bible und Kirche 62, 2007

HENGEL M., *La crocifissione nell'antichità*, Paideia, Brescia 1988.

HOFFMANN E.G.-SIEBENTHAL H., *Griechische Grammatik zum Neuen Testament*, Riehen 1985.

JANOWSKI E.B., *Ein grosser Koning uber die ganze ERDE (ps. 47,3). Zum Konigtum Gottes im* Alten *Testament:* Bible und Kirche 62 (2007).

JOSSA G., *Chi ha voluto la morte di Gesù? Il Maestro di Galilea e i suoi avversari,* Edizioni San Paolo, Milano 2011.

JOSSA G., *Il cristianesimo antico, Dalle origini al concilio di Nicea.* Carocci, Roma 2007.

KAHLER M., *Il cosiddetto Gesù storico e l'autentico Cristo Biblico.* D'Auria, Napoli 1992.

KASEMANN E., *Il problema del Gesù storico,* in *Saggi esegetici,* Manetti, Casale Monferrato 1985.

KECK L.E., *A future for historical Jesus,* Abingdon Press, Nashville and New York 1971.

KREMERS H., *Die Passionsgeschichten,* Aachen Sthor (ed.), *Exodus und KreuzimokumenischenDialog ZwischenJuden und Christen,* Aachen 1978.

KUHN K.G., *GLNT vol. II,* Stoccarda, 1938.

LAPIDE P., *Bibbia tradotta, Bibbia tradita,* EDB, Bologna 2001.

LEROY H., *Gesù. Tradizione e interpretazione,* Salerno Editrice, Roma 2011.

MAIER J., *Il giudaismo del Secondo Tempio. Storia e rieligione,* Paideia, Brescia 1991.

MALINA J.B., *The Social World of Jesus and the Gospel,* London- New York 1996.

MEIER J.P., *Un ebreo marginale. Ripensare il Gesù storico, I. Le radici del problema e della persona.* Queriniana, Brescia 2001.

MEIER J.P., *Un ebreo marginale. Ripensare il Gesù storico, II. Mentore, messaggio e miracoli,* Queriniana, Brescia 2002.

MERK O., *Reich Gottes*, in *Calwer Bibellexikon* II, ed.O.Betz-B.Ego-W.Grimma in coll. con W. Zwickel, Stoccarda 2003.

MERKLEIN H., *La signorìa di Dio nell'annuncio di Gesù*, Paideia, Brescia 1994.

NEUSNER J., *Disputa immaginaria tra un rabbino e Gesù.Quale maestro seguire?,* Piemme, Casale Monferrato 1996.

PENNA R., I *ritratti originali ài Gesù il Cristo, Inizi e sviluppi della cristologia neotestamentaria,vol.I, Gli inizi.* Edizioni Sanpaolo, Milano 2003.

PESCH. R., *Il Vangelo di Marco, testo greco e traduzione. Commento ai capitoli 8,27-16,20,* Paideia, Brescia 1982.

PILCH J.J.- MALINA B.J., (ed.) *Handbook of Biblical Social Values,* Peabody 1993.

RATZINGER J., *Gesù di Nazaret. Dal Battesimo alla trasfigurazione,*Bur 2011[6].

RATZINGER J., *Gesù di Nazaret, vol. II, Dall'ingresso in Gerusalemme fino alla risurrezione,* BUR 2011[6].

REIMARUS H.S., *"Dello scopo di Gesù e dei suoi discepoli"* in i *Frammenti dell'Anonimo di Walfenböttel,* pubblicati da G.E. Lessing (a cura di F.Parente), Bibliopolis, Napoli 1977.

REINBOLD W., *Der ProzessJesu,* Gottingen 2006.

RENAN E., *La vita di Gesù*, Bur, Milano 1992.

ROLLA A., *Libri dei Re*, SanPaolo, Cinisello Balsamo (Milano) 1989.

SACCHI P., *L'apocalittica giudaica e la sua storia*, San Paolo, Brescia 1990.

SACCHI P., *Testamenti dei Dodici Patriarchi*, in ID. (cur.) *Apocrifi dell'Antico Testamento*, Armenia, Milano 1997.

SANDERS E.P., *Gesù e il giudaismo*, Marietti, Genova 1992.

SANDERS E.P., *Gesù. La verità storica*, Mondadori, Milano 1995.

SCHWEITZER A., *Storia della ricerca della vita di Gesù*, Paideia, Brescia 1986.

SMITH W.C., *The Meaning and End of religion* (1962) Minneapolis 1991.

STEGEMANN W., *Gesù e il suo tempo*, Paideia Editrice, Brescia 2011.

STAUFFER E., *Messias oder Meschensohn?*: NovTest I, 1956.

THEISSEN G., *L'ombra del Galileo. Romanzo storico*, Claudiana, Torino 1990.

THEISSEN G.- Merz A., *Il Gesù storico. Un manuale*, Queriniana, Brescia 2008.

VERMES G., *La religione di Gesù l'ebreo*, Cittadella, Assisi 2002.

WEISS J., *La predicazione di Gesù del Regno di Dio*, D'Auria, Napoli 1993.